図解！

生産現場をカイゼンする「管理会計」

―新しい会計を生産技術者が知るための〈なぜなぜ88〉

吉川武文［著］

日刊工業新聞社

全ての生産技術者の皆さんへ

Q1. **生産性** はどうしたら見える化できますか？

Q2. **コストダウンの成果** はどうしたら見える化できますか？

Q3. **在庫削減の効果** はどうしたら見える化できますか？

Q4. **気合いと根性** でカイゼンやっていませんか？

Q5. そのやり方で **事業は行き詰まっていませんか？**

Q5. そのやり方で **この大きな危機** を乗り越えられますか？

A. やり方を変えなければ、生き残れません！

厳しい時代を生き抜こう！

新型ウィルスの蔓延／経済の停滞／延期された東京五輪後にやってくる何か…

史上最悪とも言われる厳しい経営環境の中で生産性向上やコストダウン、在庫削減に懸命に取り組んでいない会社はないでしょう。長年、こうした活動を力強く牽引してきたのが、生産技術者の皆さんがリードするカイゼン活動です。「7つのムダ取り」「問題点の見える化」「からくり」「コストハーフ」「ゼロ在庫」などなど、日本が誇るカイゼンは不可能を次々と可能にしてきました。

「日本のモノづくりに不可能はない！」

ところが…　世界をリードしていたはずの日本のモノづくりは30年前から進化が止まり、世界第二位だったGDPも中国に抜かれました。現場は途方に暮れ、絶望感が漂っています。今やどこに行っても気合いと根性の竹槍カイゼンばかり。成果が出せなくなった活動は日本中で「カイゼンごっこ」と化し、在庫不正、検査不正、カイゼン不正、会計不正が横行しています。生産性も、コストも、在庫も「見える化」どころか「見えぬ化」され、製造業はリストラの海、日本の生産性は先進国最下位となりました。そしてついに先進国グループから脱落しつつあるのです。そんな時、コロナ危機がやって来ました。もう戦えません！　私達の暮らしは、これからどうなってしまうのでしょうか？

いいえ、大丈夫です！　今なおGDP世界第三位の日本です。今までのカイゼンをほんの少し進化させられるなら、日本はもっと力強く戦えるのです。そんな日本のモノづくりに決定的に欠けていたのは「会計の力」でした。

Q．生産性は、どうしたらきちんと測れますか？
Q．コストダウンの成果をどうやって数値化しますか？
Q．在庫を持つことのメリット／デメリットをどう見える化すべきでしょうか？

いかなるカイゼンも、P／L（損益計算書）やB／S（貸借対照表）と繋がらなければお遊びです。誤った活動は修正されません。なぜならP／LやB／Sこそ、会社の全ての活動を見える化し、その正否を見極める羅針盤だからです！　P／LやB／S、ちゃんと使えていましたか？　もしかしたら、読み方さえ習っていなかったかも…でも心配は御無用です！

P／LやB／Sと言っても、決して難しいものではありません

本来それは、コストと戦う生産技術者のために作られた経営改善のツールだったのです！　ですから順番に学んでいけば簡単です。思い出して下さい。ほんの少し前まで「日本のモノづくりに不可能はない」と言われていたことを！　厳しい時代を生き抜きましょう。きっとこの本が、皆さんに驚きと革新と勇気を届けます。

令和2年4月7日　緊急事態宣言の日に
吉川武文

目次

Ⅱ．株主不在のムダ…資本主義社会の掟とは？

Ⅲ．工場外無関心のムダ…製造業の新しい勝負所を探せ！

Ⅳ．ゼロ在庫のムダ：「ゼロ在庫」ではもう勝てない！

V．ムダ取りのムダ／共倒れのムダ…そろそろ仕事のやり方変えませんか？

Ⅷ．会計不毛のムダ…勘と気合の設備投資を卒業する！

付録．カイゼンのための計算事例…8つの場面を考えよう！

日本・停滞の30年（1990〜2020）

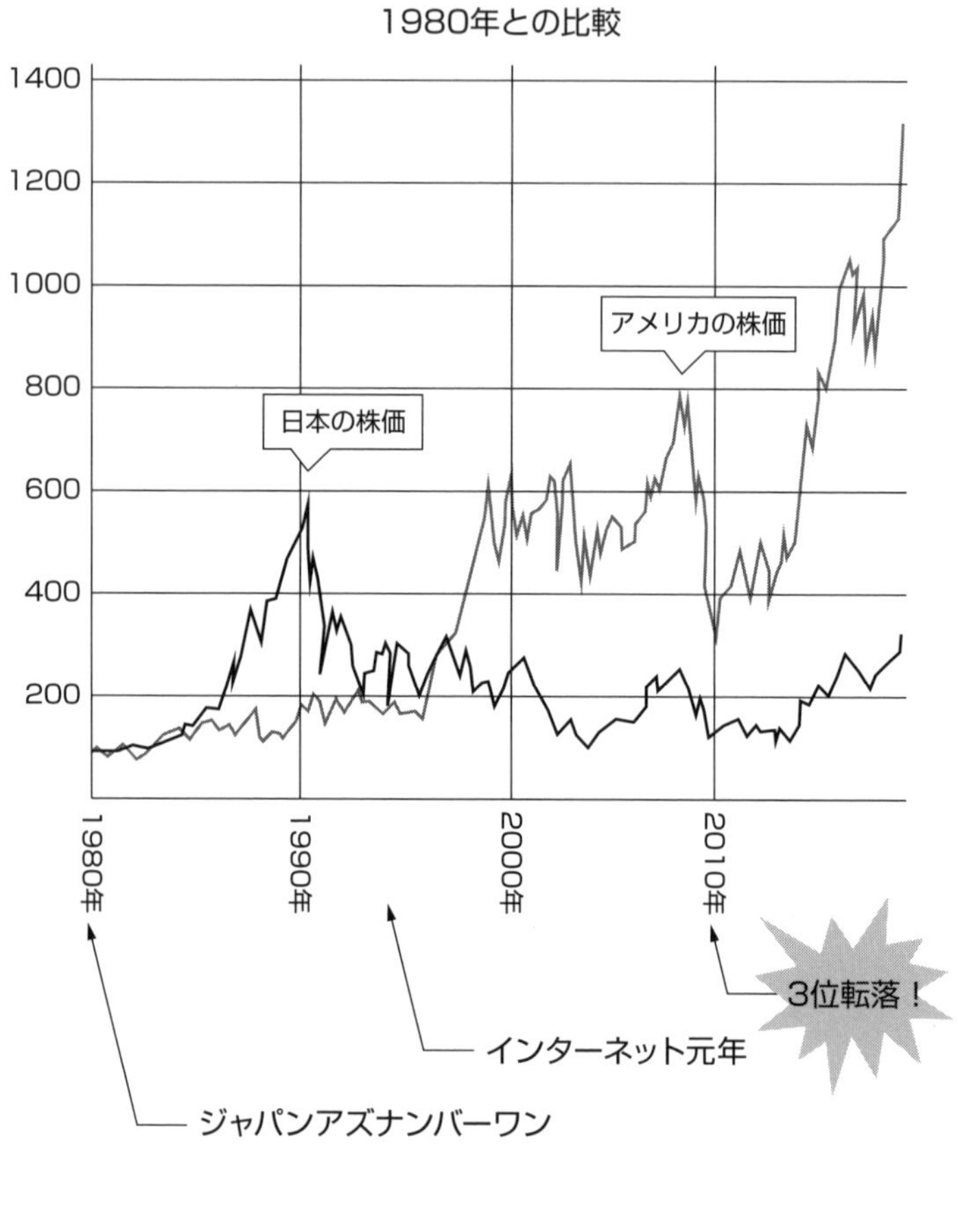

カイゼンの年表

1900年頃	全部原価計算（財務会計） 科学的管理法（標準時間）
1950年代	カイゼンの始まり
1960年代	電卓元年（1964）７つのムダの提唱 日本のGDPが世界第二位になる（1968）
1970年代	ジャパンアズナンバーワン出版される（1979）
1980年代	携帯電話の登場 リーン生産方式
1990年代	バブル崩壊、日本のインターネット元年（1995） アマゾン創立（1994）、グーグル創立（1998）
2000年代	製造派遣解禁、非正規雇用の拡大（2004） リーマンショック（2008）
2010年代	日本のGDPが中国に抜かれ三位に転落（2010）
2020年代	日本復活へ！　８つのムダの提唱（2020） コロナ危機との戦い

P/L・B/S こそ、正しいカイゼンのツール

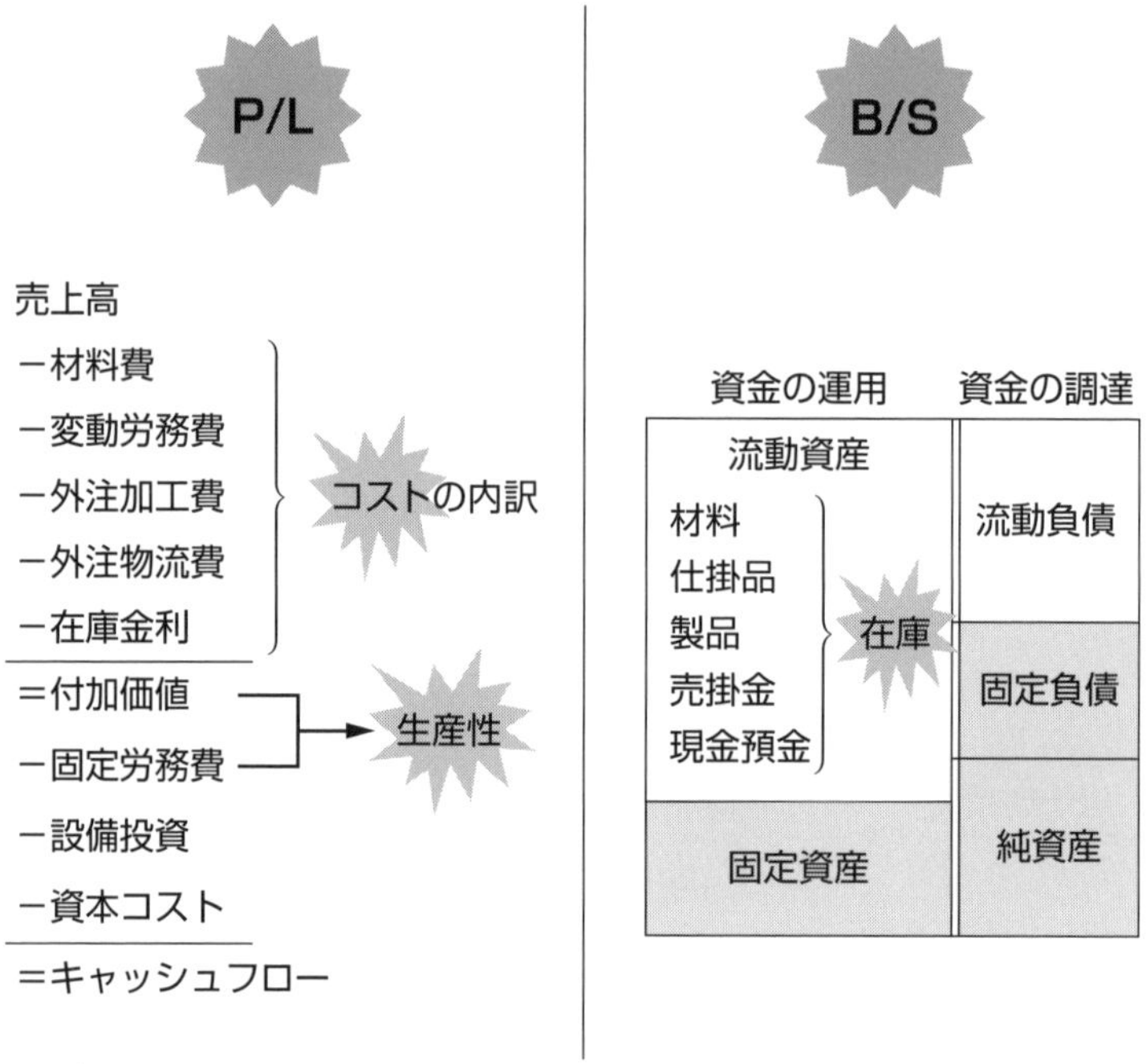

Q. P/L でコストを見える化してますか？

Q. P/L で生産性を見える化してますか？

Q. B/S で在庫を見える化してますか？

Q. P/L B/S に苦手意識はありませんでしたか？

I

8つのムダとは何か？
―ここから始まるカイゼン革命！―

いつまでも50年前のムダ取りでよいですか？
そろそろカイゼンも進化の時です！

なぜなぜ 1

「7つのムダ」だけで戦えますか？

従来のカイゼンは、極端に労務費対策に偏っていた

◆カイゼンとは、日本のモノづくりの現場で行われてきた、生産性や安全性の向上、品質改善のための自主的な活動です。かつてジャパンアズナンバーワと称えられた日本の製造業を支えるものとして、世界的にも有名です。しかしながら、そんなカイゼンが支えていたはずの日本のモノづくりは近年失速し、モノづくりの現場にも活気が感じられなくなりました。厳しさを増すビジネス環境の中、なかなか出せなくなった利益を取り繕う会計不正や、検査不正なども後を絶ちません。いったい…

日本のモノづくりはどうなってしまったのでしょうか？

◆日本のモノづくりが世界に勝てなくなった背景には「7つのムダ」があります。50年ほど前に提唱された「7つのムダ」は、カイゼンが取り組むべき目標としてとても重要なものです。しかし、今改めて「7つのムダ」を点検してみると、極端に変動労務費の対策に偏っていたことがわかります。その一方で、

他の費用はほったらかしになっていたのです。

ポイントBOX **古い活動目標への埋没が、製造業の新たな飛躍を妨げていました**

いつまでやるの？　7つのムダ取り

①造りすぎのムダ
②手持ちのムダ
③動作のムダ
④運搬のムダ
⑤手直しのムダ
⑥加工のムダ
⑦在庫のムダ

↑

売上高
－材料費　…　どうする？
－変動労務費　…　7つのムダ取り
－外注加工費　…　どうする？
－外注物流費　…　どうする？
－在庫金利　…　どうする？
＝付加価値
－固定労務費　…　どうする？
－設備投資　…　どうする？
－資本コスト　…　どうする？
＝キャッシュフロー

なぜなぜ

2

日本のモノづくりは、なぜ失速したのでしょうか？

厳しい現実を直視し、本当に本気になるべき時が来た

◆日本は永らくGDP世界第二位を誇ってきましたが、2010年に中国に抜かれて三位に転落し、その差は開く一方です。こうした日本経済の失速は、モノづくりの失速だったとも言えるでしょう。少し前まで

「日本は技術立国」「日本はモノづくりの国」

と言っていた声も、今ではすっかり弱々しくなってしまいました。生産性に至っては、今や先進国最下位です。もはや日本は先進国グループから脱落してしまったと言うべきでしょう。

◆これは私達の生活水準の低下に直結する深刻な問題です。GDPや生産性の失速だけではなく、近年では利益操作や検査不正などの不祥事も後を絶ちません。何かが変です！勤勉な国民性を誇る日本の製造業が失速してしまったのには**必ず理由があるはずです**。その理由は、製造業というビジネスを会計の視点で分析すると見えてきます。そしておそらくは、これからコロナ後の世界で生き残るために何をすべきかも…

ポイントBOX　**日本のモノづくりは勘と気合に頼りがちで、会計力が欠けていました**

日本だけが停滞している

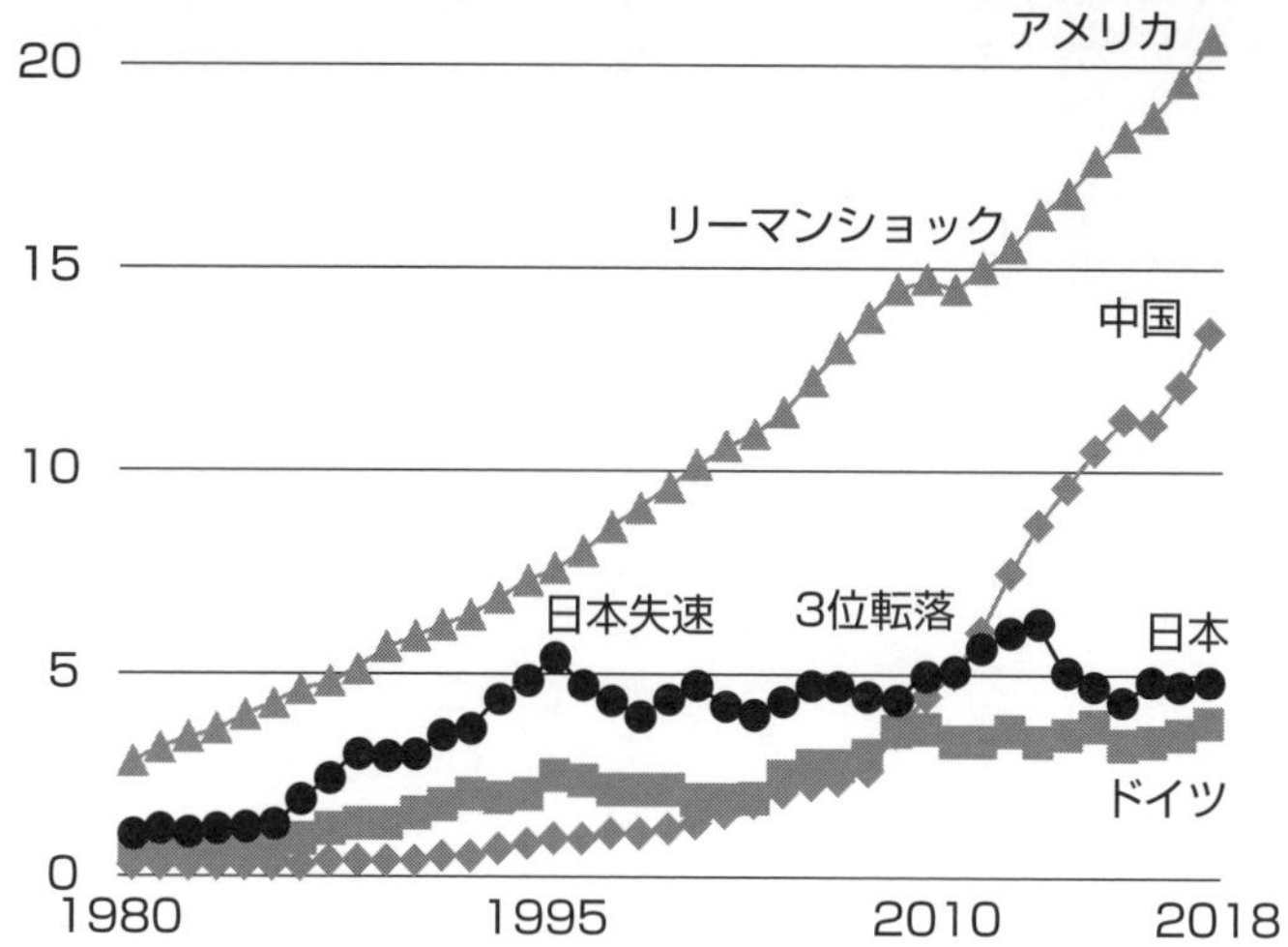

低迷する日本の生産性

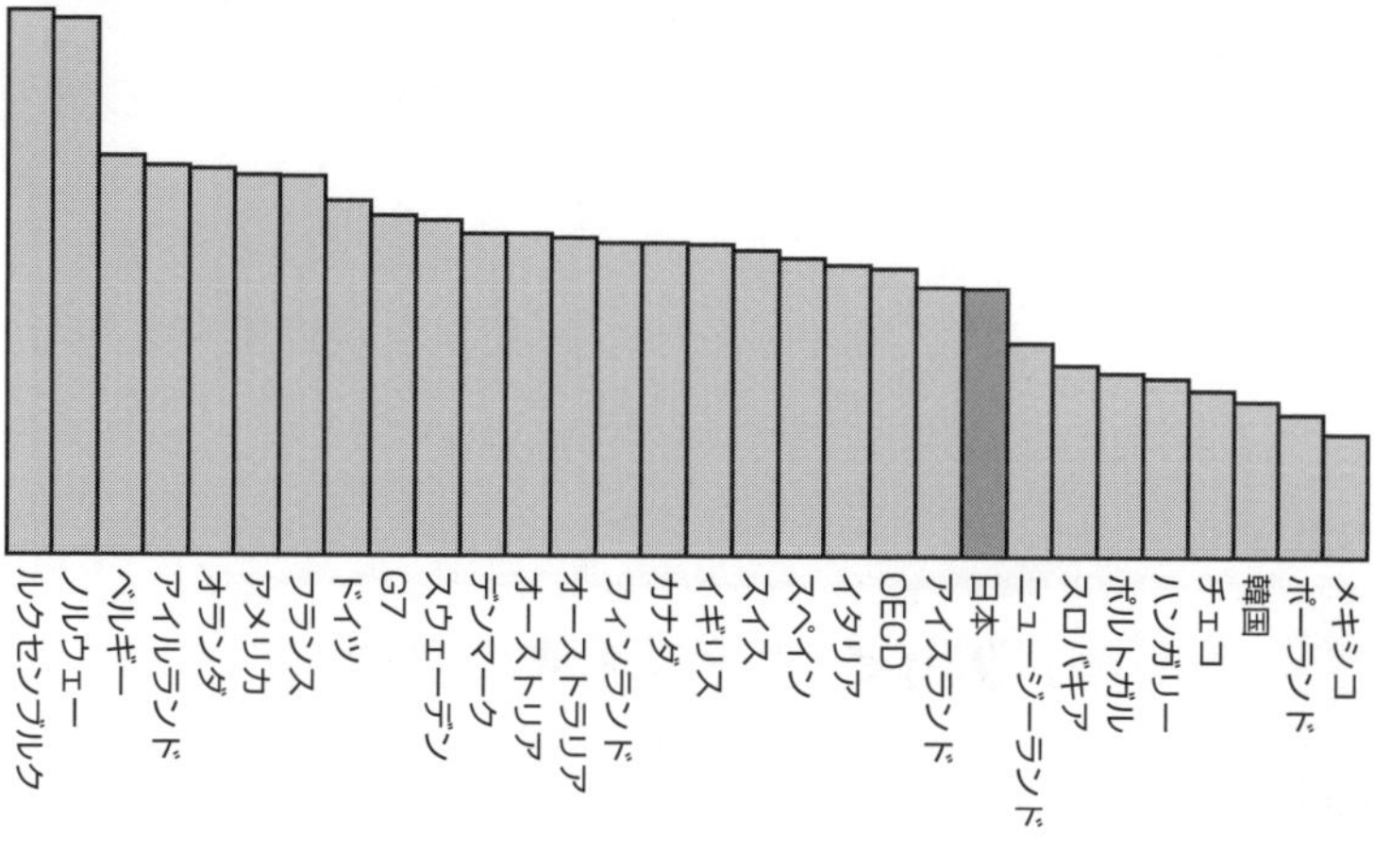

なぜなぜ 3

ビジネスの環境って、昔も今も同じですか？

環境が変わったら、カイゼンのやり方も変えなければ

◆ビジネス環境の変化について考えてみましょう。日本国内では50年前は旺盛な成長経済でしたが、今は成熟経済に移行しています。生産システムは大量生産から少量生産へ、さらに手作業から標準化・自動化された工程に移行し、正社員が主体だった現場には非正規社員や外国籍の方々がたくさん入ってきました。情報ネットワークやパソコンの普及で在庫管理や生産管理のやり方が大きく変わり、技術革新の速度も速まりました。技術は世界に広く普及し、今まで想像もできなかった国々から

強力なライバルが現れてきています

◆環境が変わったのですから、50年前に力を発揮していた仕事のやり方では戦えないのも当然と言えば当然です。原価構成も大きく変わった今、労務費叩き一辺倒だった製造業の勝負所は大きく変わりました。

古いカイゼンや「7つのムダ取り」を卒業し

新しい発想でビジネスモデルを革新しなければならない時代になっているのです。

ポイントBOX ビジネス環境が大きく変わった今、製造業にも革新が必要です

ビジネス環境は大きく変わった…

50 年前は		現在では
成長経済	➡	成熟経済
大量生産	➡	少量生産
手作業	➡	自動化・標準化
正社員	➡	非正規社員
紙と鉛筆で在庫管理	➡	在庫管理システムがある
そろばんで計算	➡	電卓、パソコンが使える
固定電話	➡	携帯電話
ネットなし	➡	ネットあり
技術革新が遅い	➡	技術革新が速い
競争は緩やか	➡	競争が激しい
安定した社会	➡	気候変動、コロナ危機

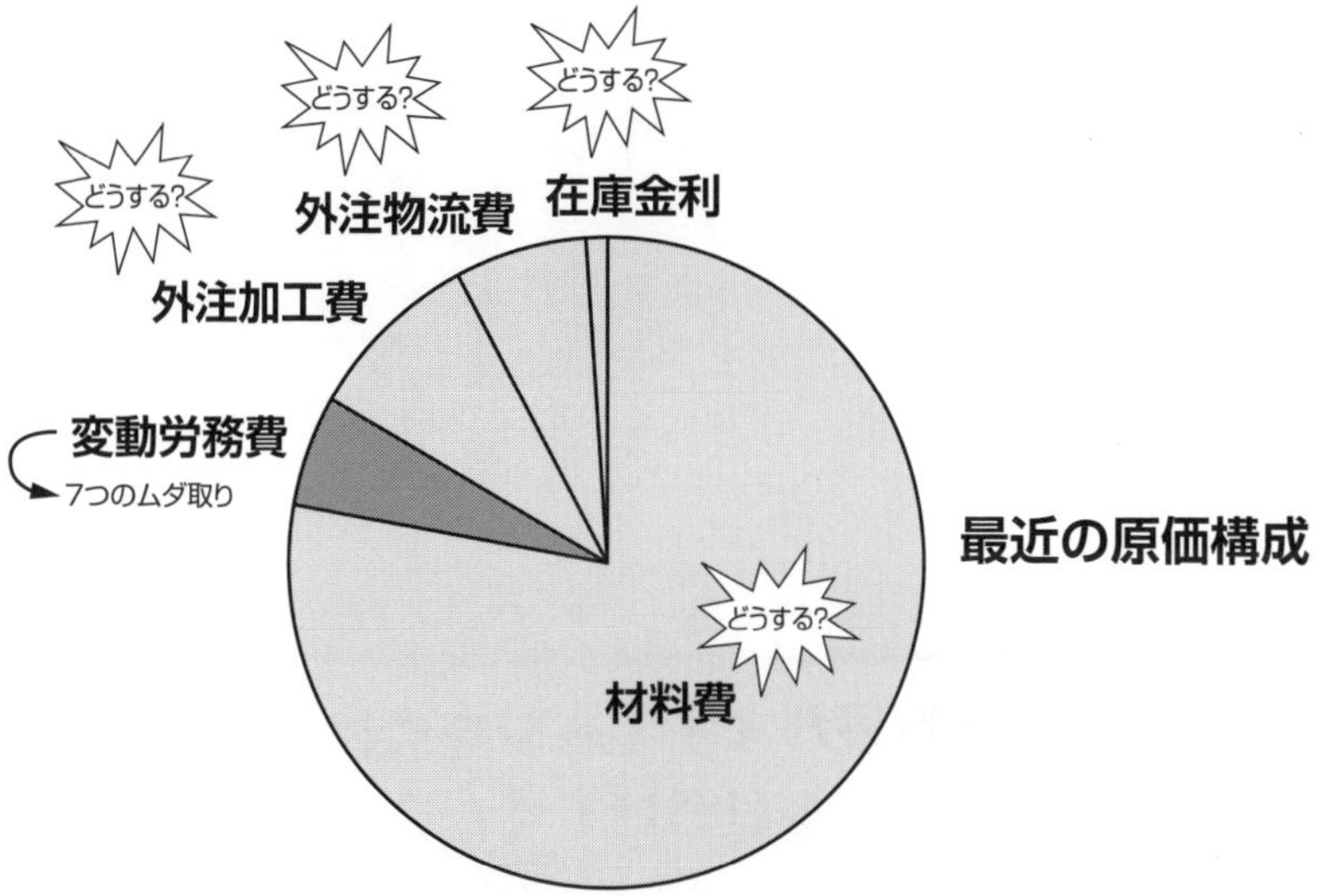

なぜなぜ 4

コストって、どこにありますか？

サプライチェーンを辿れば、漏れなく見つけられる

◆コストがどんなものかわからなければコストとは戦えません。今回は製造業の代表的なコストについて確認しておきましょう。

まず会社は銀行から運転資金を調達します。この運転資金で会社は原材料を購入します。原材料が費消されて加工され（①**材料費**、②**変動労務費**、③**外注加工費**）仕掛品を経て製品へと姿を変えます。製品は売り上げられ、お客様に届けられて（④**外注物流費**）売上債権に姿を変えます。そして現金預金として回収されて最終的に銀行に返済されます。この際、金利（⑤**在庫金利**）も支払わなければなりません。この一連の過程をサプライチェーンと呼びましょう。ここに登場した5つのコストは、

サプライチェーンを回せば回すほど発生するものです

◆サプライチェーンを回すことで会社は付加価値を獲得しなければなりません。その付加価値が、ヒト（従業員）、モノ（生産設備）、カネ（銀行と株主）に分配されることで会社の活動は維持されていくからです。

ポイントBOX 皆さんもサプライチェーンを点検し、会社のコストを見つけてください

サプライチェーンの振り返り

材料 ····· 材料費
↓
仕掛品 ····· 変動労務費
↓
製品 ····· 外注加工費
↓
売上債権 ····· 外注物流費
↓
現金預金 ····· 在庫金利（→材料へ戻る）

売上高
－材料費
－変動労務費
－外注加工費
－外注物流費
－在庫金利
} **5大コスト**

＝付加価値

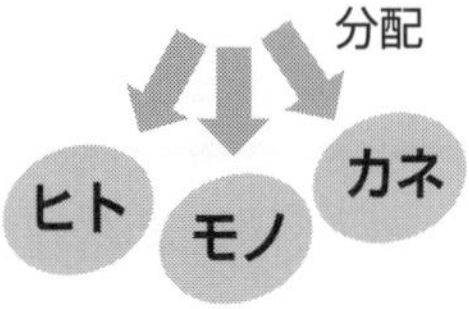

} **3大資源**

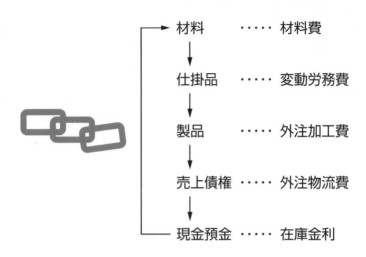

なぜなぜ 5

カイゼンが目指す目標って、何でしたっけ？

コストを減らし付加価値を増やして、生産性を高める

◆今回はカイゼンの目標を整理しておきましょう。もちろんそれはコストダウンと生産性向上です！　ではコストとは何だったか？　この本ではサプライチェーンを回せば回すほど発生する費用（**つまり変動費**）をコスト、サプライチェーンを回さなくても発生する費用（**つまり固定費**）を資源と呼んでいます。ですからコストダウンの対象は変動費ということになります。

◆では固定費はコストダウンしないのか？　答えはＹＥＳ！　その代わり固定費については生産性の管理をしなければなりません。特にヒトの生産性が重要です。では生産性とは何なのか？　生産性は付加価値÷固定費で表されます。ちなみに売上高－コスト（つまり変動費）が付加価値ですから、カイゼンの目標は改めて以下の3つに集約されます。

✔ **売上高**を増やして、付加価値を増やすこと（売価アップや拡販への貢献）
✔ **変動費**を減らして、付加価値を増やすこと（コストダウン）
✔ **固定費**あたりの付加価値を増やすこと（生産性向上）

ポイントBOX　**変動費のコストダウンと、固定費の生産性向上は、全く違う活動です**

カイゼンの基本式

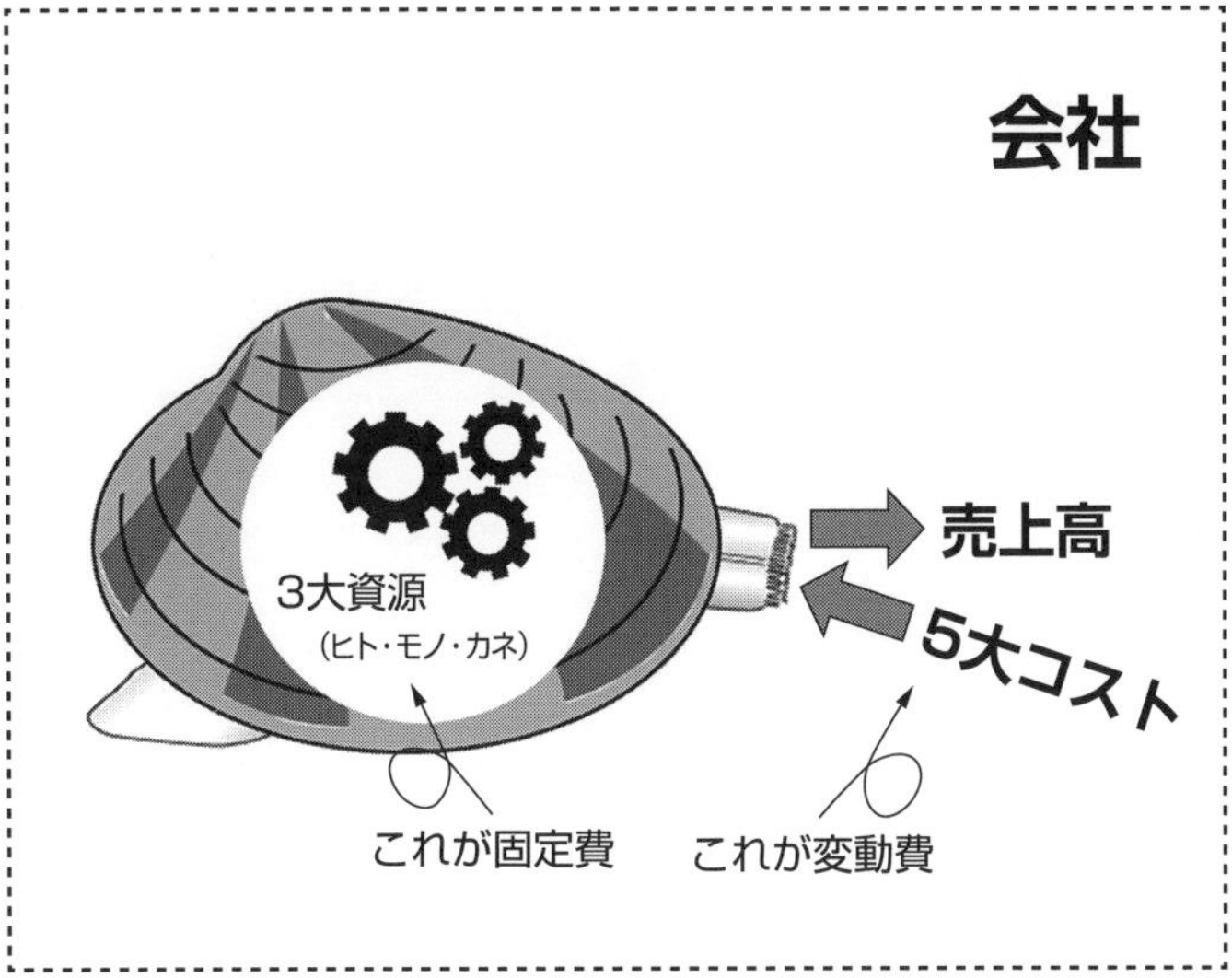

①売上高－変動費＝付加価値

② $\dfrac{\text{付加価値}}{\text{固定費}}$ ＝生産性

なぜなぜ

6

製造業の8つのムダって何だと思いますか？

それはまるで会社を蝕む悪玉コレステロール

◆日本のカイゼンを支える重要なセオリーである「7つのムダ」は今から50年前に提案されたものでした。改めて言うまでもないことですが「7つのムダ」は極めて優れた概念です。しかしながら50年前のビジネス環境と今日のビジネス環境が同じであるはずはなく、会社が取り組むべき経営課題も大きく様変わりしてきました。それにも拘わらずいつまでも同じやり方でカイゼンに取り組んでいることが、昨今のモノづくりの

閉塞感の原因にもなっているのです

◆そこで、サプライチェーンから拾い上げた5大コストと3大資源の視点から、新たに「8つのムダ」を整理してみましょう。従来のモノづくりや生産技術の活動では注目されてこなかったものばかりだと思いますが、それが正にこの「8つのムダ」が秘めている大きな可能性なのです！「8つのムダ」への取り組みこそ21世紀製造業の新たな勝負所であり、

手付かずの宝の山です

ポイントBOX

今まで放置されてきた8つのムダは、会社の新たな成長余地です

会社社の老化は、動脈硬化に似ている

動脈硬化が起こる仕組み

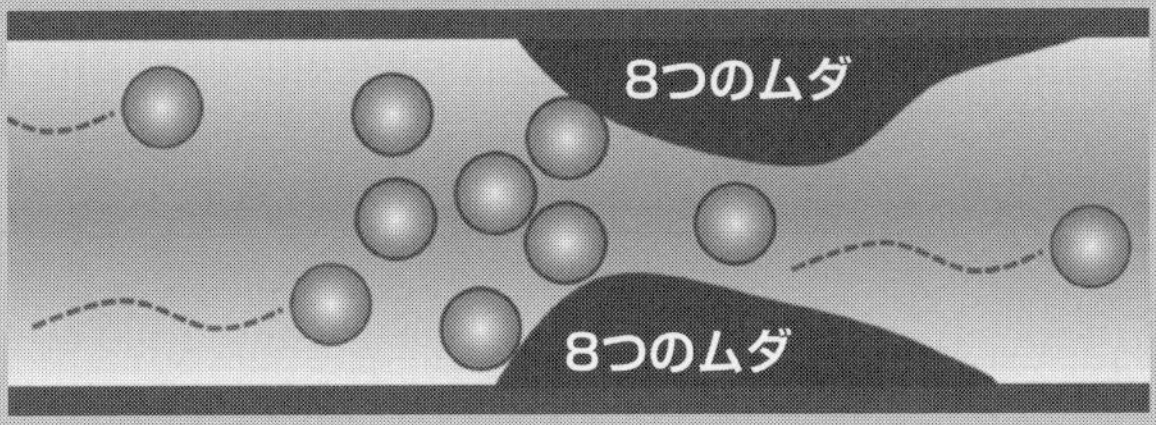

売上高
－材料費 ・・・①ゼロ在庫のムダ
－変動労務費 ・・・②ムダ取りのムダ
－外注加工費 ・・・③共倒れのムダ
－外注物流費 ・・・④場当たり配送のムダ
－在庫金利 ・・・⑤工場外無関心のムダ

＝付加価値
－固定労務費（ヒト）・・・⑥身分分断のムダ
－設備投資　（モノ）・・・⑦会計不毛のムダ
－資本コスト（カネ）・・・⑧株主不在のムダ

＝キャッシュフロー

なぜなぜ 7

あなたの会社は、動脈硬化していませんか？

5つのコストのムダ
3つの資源のムダ

①ゼロ在庫のムダ…これは材料調達戦略の硬直によって引き起こされます。期末在庫の操作があれば、会計不正の入口にもなります

②ムダ取りのムダ…手慣れたカイゼンに埋没してより重要な問題からの逃避が起こることです。不合理な現場叩きは人材喪失にも繋がります

③共倒れのムダ…自社の生産性を棚上げして下請け叩きをすることで、誠意ある協力会社を失い、結果として共倒れになってしまうことです

④場当たり配送のムダ…近年、製品では差が付かなくなり、配送が新しい勝負所ですが、場当たり配送では付加価値とお客様を失います

⑤工場外無関心のムダ…工場内だけカイゼンしても工場外の活動が連動しなければ意味がありません。チェーン全体に目を向けましょう

⑥身分分断のムダ…いくら現場を叩いてもホワイトカラーの生産性が低ければ無意味です。労務費の一体管理で会社全体を改善しましょう

⑦会計不毛のムダ…活動を会計で見える化し、勘と気合の経営を止めましょう

⑧株主不在のムダ…自己資本（資本金や内部留保）がタダだという誤解が、誤った経営目標や業績低迷に繋がり日本を疲弊させています

ポイントBOX **8つのムダを放置すると、会社がどんどんダメになる**

「8つのムダ」を放置すると…

①ゼロ在庫のムダ	材料調達戦略の硬直、会計不正
②ムダ取りのムダ	重要な問題からの逃避、人材喪失
③共倒れのムダ	自社の問題の放置、協力会社喪失
④場当たり配送のムダ	顧客の喪失、時代遅れのビジネス
⑤工場外無関心のムダ	カイゼン行き詰まり、事業の閉塞感
⑥身分分断のムダ	会社の生産性低迷、カイゼン不正
⑦会計不毛のムダ	勘と気合の経営、設備投資の失敗
⑧株主不在のムダ	株価低迷、敵対的買収、年金崩壊

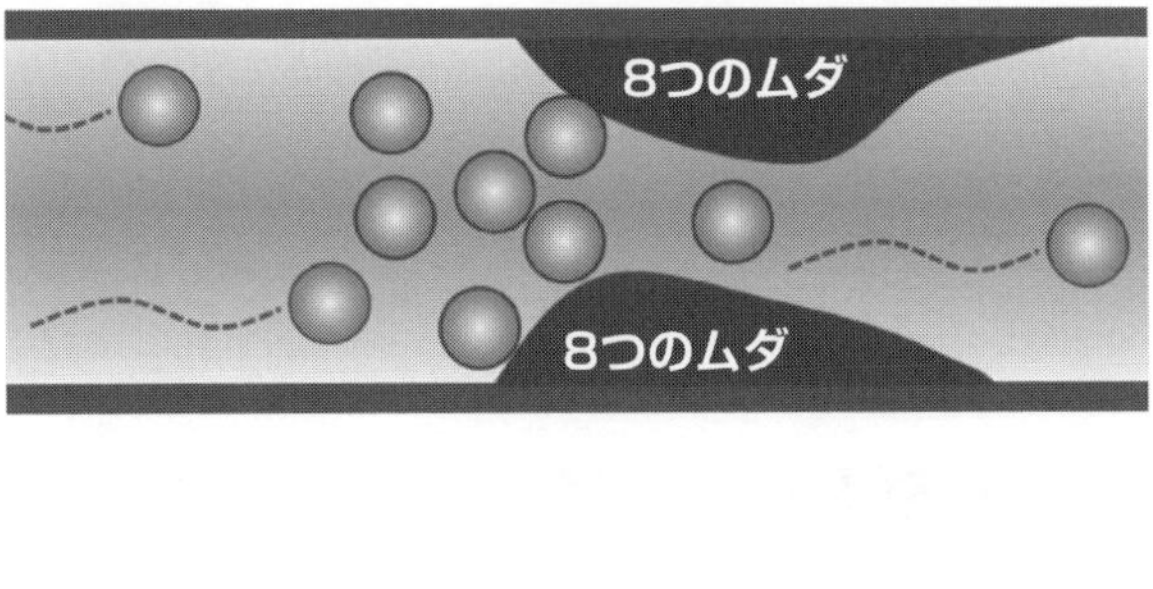

なぜなぜ 8

8つのムダは、なぜ放置されてきたのでしょうか？

善玉だった会計が、いつの間にか悪玉に変わっていた

◆技術の世界に、重さを測る秤や、長さを測る定規があるように、経営の世界にも会社の財務状態を見る**B／S（貸借対照表）**や損益を見る**P／L（損益計算書）**があります。日本の製造業がいつまでも50年前の古いカイゼンを卒業できず、新しい勝負所やビジネスモデルを見出せなかった理由の1つは、

B／SやP／Lの老朽化にもありました

◆B／SやP／Lというと身構えてしまう技術者の方が多いと思いますが（！）、それは技術者が悪いのではなく、会計側にも問題があったようです。実は今日の会計（財務会計と呼ばれるもの）の基本デザインは

100年も前にできたものでした！

ところがこの100年間で製造業の勝負所はすっかり変わり、会計が時代遅れになってしまったのです。しかし会計の専門家はモノづくりのことを知りませんし、モノづくりの専門家は会計のことを知りません。それが、100年前の古い会計がずっと放置されてきたことの原因だったのでした。ここにP／Lの一例を示しますので、どこに問題があるか考えてみてください。

ポイントBOX **会計なしにカイゼンはできませんが、会計にもカイゼンが必要です**

製造業には会計ぎらいが蔓延している？

売上高	388,463
売上原価	229.256
売上総利益	159,206
販売費および一般管理費	133,313
営業利益	25,893
営業外収益	
受取利息	443
受取配当金	1,631
為替差益	999
持ち分法による投資利益	73
受取賠償金	45
雑収入	963
営業外収益合計	4,157
営業外費用	
支払利息	2,101
雑損失	2,269
営業外費用合計	4,371
経常利益	25,679
特別利益	
固定資産売却益	108
投資有価証券売却益	16
特別利益合計	125
特別損失	
固定資産売却損	77
固定資産除去損	284
減損損失	283
投資有価証券評価損	7
事業構造改善費用	3,401
特別損失合計	4,053
税金等調整前当期純利益	21,750

なぜなぜ 9

なぜ、そんな不便な会計を使い続けるのですか？

従来の古い会計が、問題を「見えぬ化」していた

◆前回、財務会計のP／L（損益計算書）の例を示しました。どこに問題があったかおわかりだったでしょうか？　数値をグラフ化して見てみましょう。すると奇妙なほど詳細に記載されている項目がある一方で、売上原価や販売費および一般管理費（略して販管費とも呼ばれます）の

内訳が示されていないことがわかります

5大コストがわかりませんからコストダウンができません。併せて付加価値も読み取れませんから3大資源の生産性の管理もできないのです。

◆売上原価・販管費の内訳や付加価値が「**見える化**」されていなければ、

事業活動のどこに問題があるのかわかりません

それどころか売上原価と販管費の区分の曖昧さを利用した利益操作さえ行われてきました。しかしこうした数値操作は、手当てすべき課題を覆い隠してしまう「**見えぬ化**」です。どうやら会計にもカイゼンが必要なようです。

ポイントBOX　**会計もどんどんカイゼンして、事業の課題を「見える化」しましょう**

古い会計には問題があった！

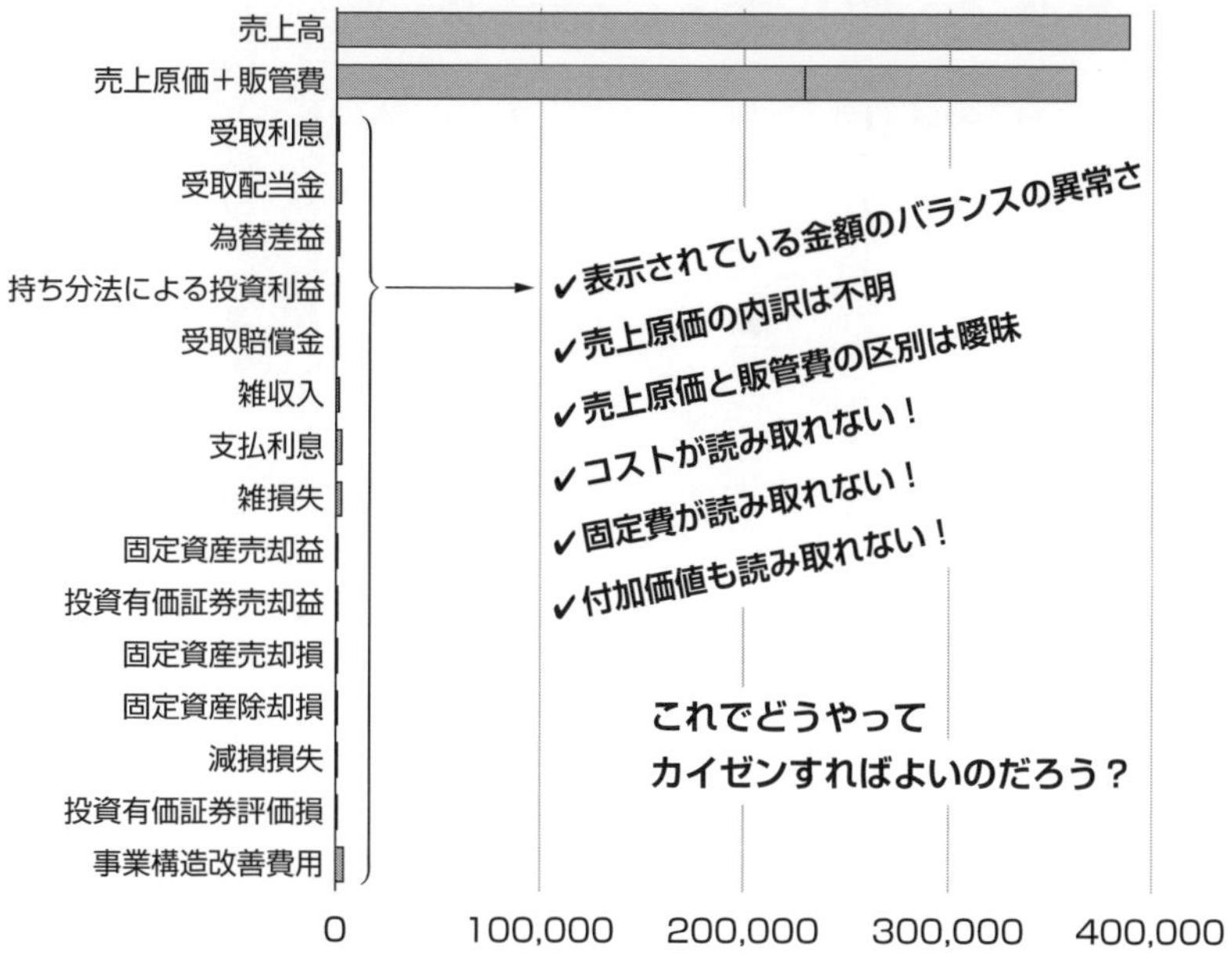
売上高
売上原価＋販管費
受取利息
受取配当金
為替差益
持ち分法による投資利益
受取賠償金
雑収入
支払利息
雑損失
固定資産売却益
投資有価証券売却益
固定資産売却損
固定資産除却損
減損損失
投資有価証券評価損
事業構造改善費用
0
100,000
200,000
300,000
400,000
✔表示されている金額のバランスの異常さ
✔売上原価の内訳は不明
✔売上原価と販管費の区別は曖昧
✔コストが読み取れない！
✔固定費が読み取れない！
✔付加価値も読み取れない！
これでどうやって
カイゼンすればよいのだろう？

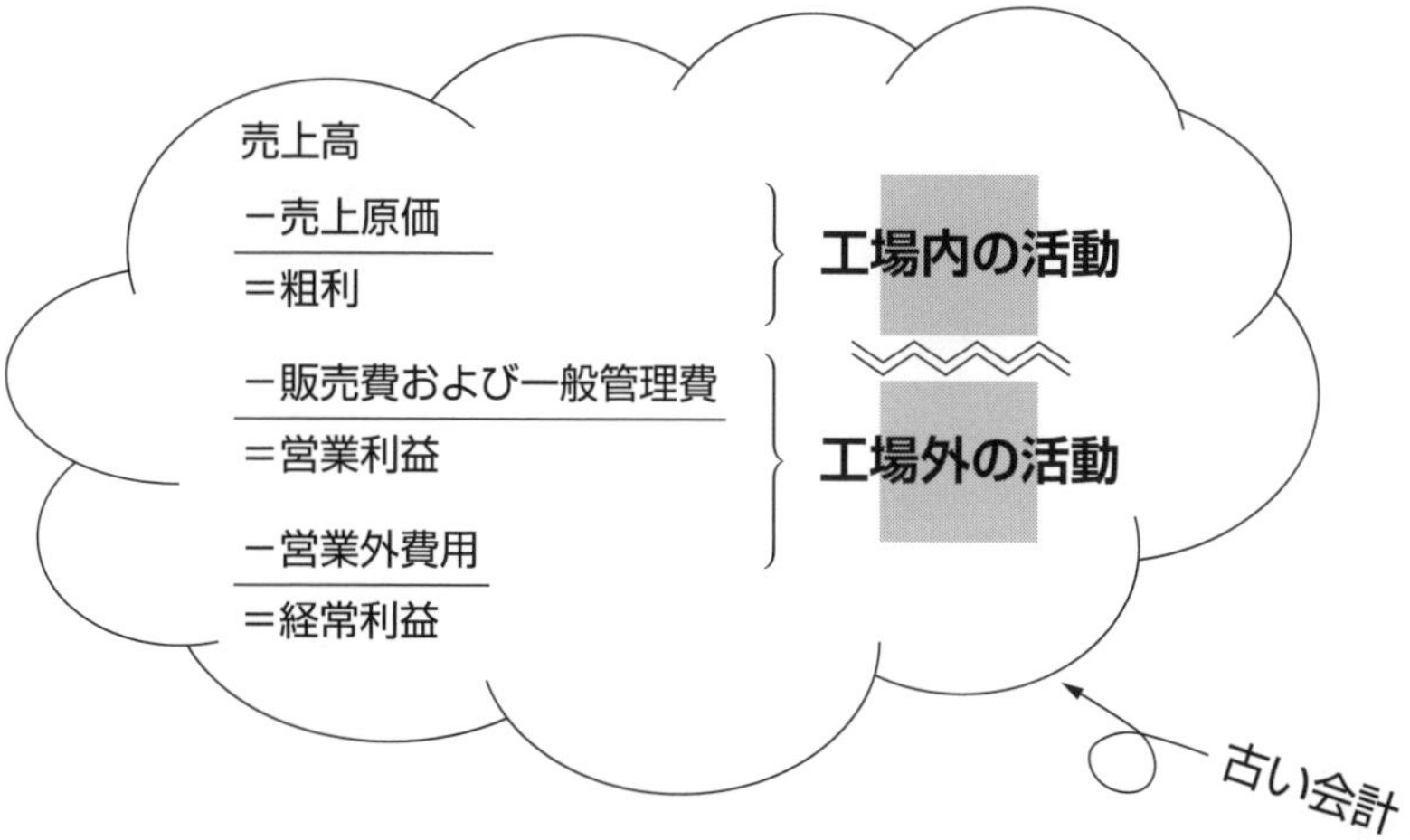
売上高
－売上原価
＝粗利
－販売費および一般管理費
＝営業利益
－営業外費用
＝経常利益
工場内の活動
工場外の活動
古い会計

なぜなぜ

10

生産技術者の使命って、何ですか？

8つのムダを退治し、世界No.1のモノづくりを復活

◆日本は先進国と言われてきましたが、先進国ってどんな国でしょう？「ＧＤＰの大きい国」という見方もあるかもしれません。しかし人口が大きい国は先進国という風になったらへんです。人口の大きい国ではなく、生産性の高い国こそが生活水準の高い国であり、真の先進国というべきでしょう（５頁下図参照）。日本のＧＤＰは長年世界二位でしたが、10年ほど前に中国に抜かれて世界三位に転落しました。敗北感が漂う現場ですが、まだ世界三位だという声もあります。生産性の方はどうなのでしょうか？

◆実は生産性で見ると、日本は先進国最下位です！ 率直に言って、

日本は先進国グループから脱落しています

それは日本経済の大黒柱であった製造業が、いつまでも50年前の仕事のやり方から卒業できずに進化を止めているからです。しかし、もし日本の生産性がノルウェー並み（せめてアメリカ並み！）になれるなら、日本のＧＤＰは世界二位に返り咲くことだってできるのです！

ポイントBOX **生産性を見える化しその向上を目指す、それがカイゼンの目標です**

本気でやれば、できるはず！

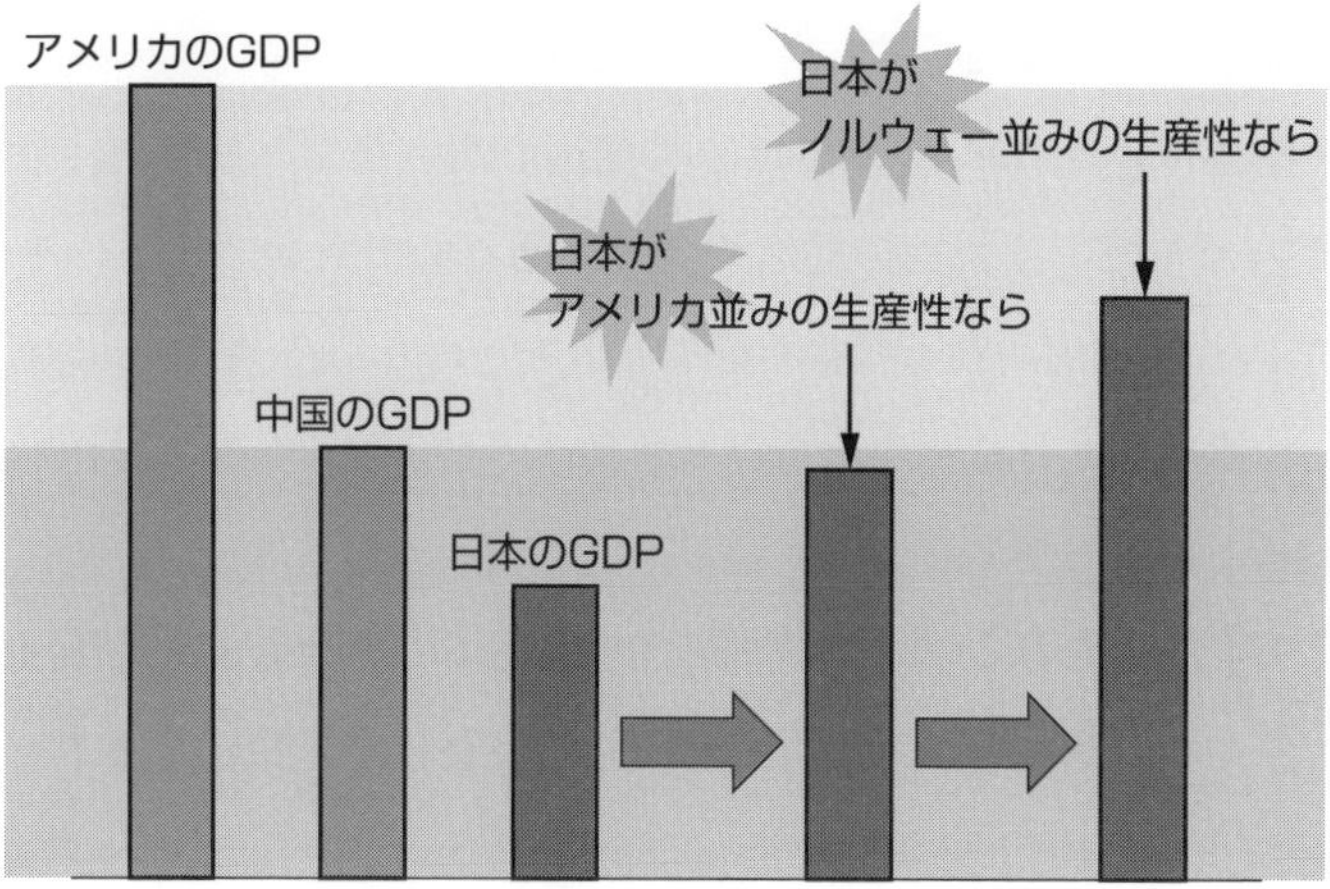

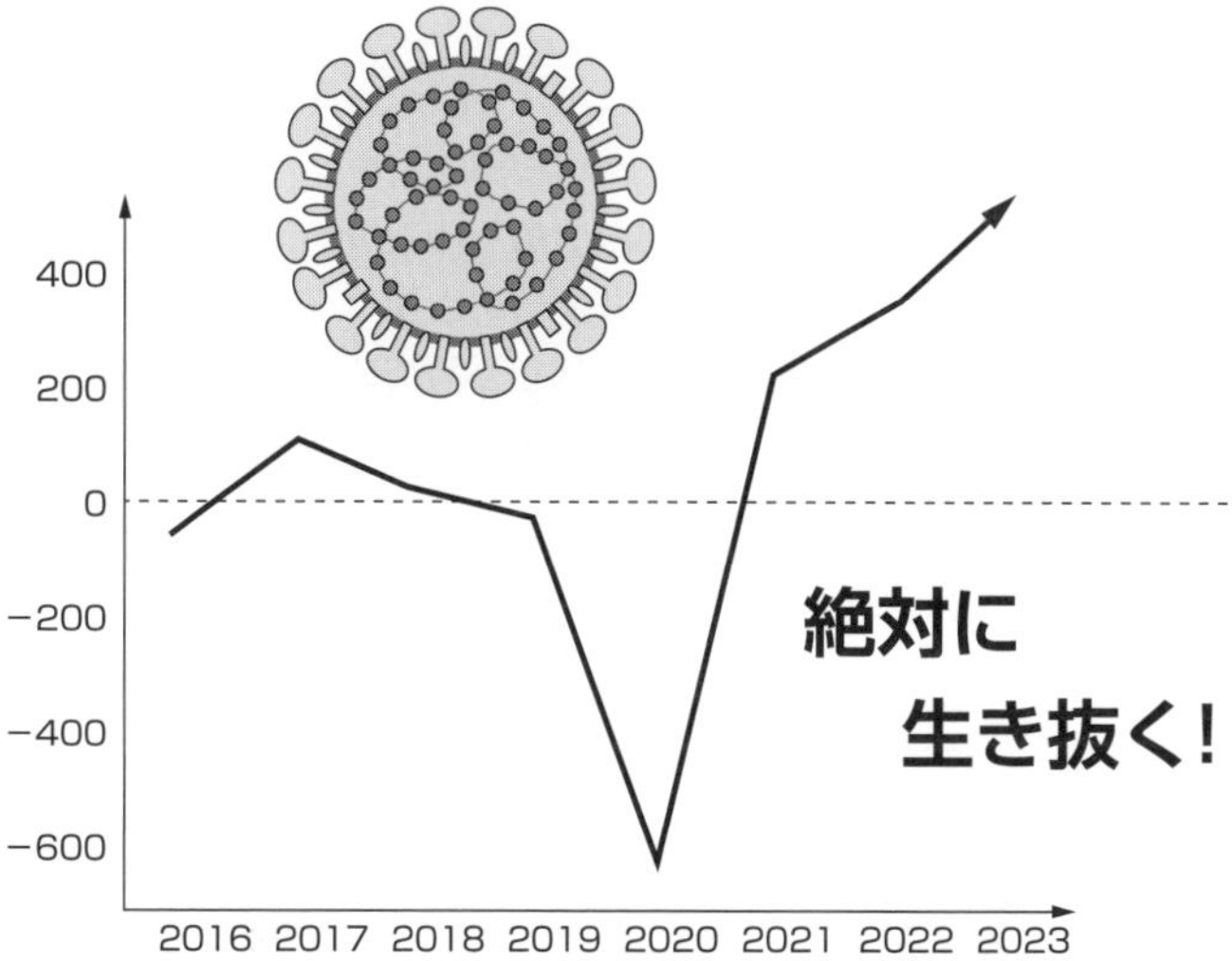

＜8 つのムダ ～ 必ず会社を元気にする！＞

カイゼンに「7 つのムダ」という言葉があります。それは 50 年前に提案され、今も重要な活動目標です。しかし 50 年前と今日では製造業が取り組むべき課題が大きく違ってしまったのも事実でしょう。「7 つのムダ」のもう一つの限界は、それが B/S や P/L に無関心だったことです。言うまでもなく全てのカイゼンは会社の経営を強くするためのものですし、その成否は B/S や P/L で測定されるべきものです。ですから B/S や P/L に繋がらない活動では意味がありません。古びた活動そのものが新たなムダになってしまっていると言うべきでしょう。

そこで、B/S や P/L の視点で整理した新しいカイゼンの活動目標が「8 つのムダ」です。新たなチャレンジが、きっと会社を元気にします。

新しい会計

売上高		
－材料費	･･･①ゼロ在庫のムダ	第Ⅳ章
－変動労務費	･･･②ムダ取りのムダ	第Ⅴ章
－外注加工費	･･･③共倒れのムダ	
－外注物流費	･･･④場当たり配送のムダ	第Ⅵ章
－在庫金利	･･･⑤工場外無関心のムダ	第Ⅲ章
＝付加価値		
－固定労務費	･･･⑥身分分断のムダ	第Ⅶ章
－設備投資	･･･⑦会計不毛のムダ	第Ⅷ章
－資本コスト	･･･⑧株主不在のムダ	第Ⅱ章
＝キャッシュフロー		

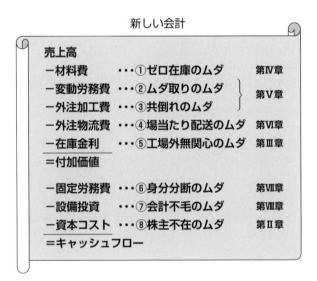

コラム①

株式会社って、何だっけ？

今日、私達が生きている社会が資本主義社会であることは常識中の常識でしょう。言うまでもなく、その主役は株式会社です。では、株式会社ってどんな社会なのでしょうか？　様々な定義がありますが、

①多くの人々が
②資金運用という目的で
③共同所有している社会

と考えればわかりやすいように思います。会社の所有者＝株主ですが、それは天上世界の大金持ちを意味しているわけではなく、実は私達のような市井の市民のことなのです。小さなお金を大勢で持ち寄って、大きな会社を作り、大きな事業活動を行うというのが、株式会社の本質です。会社の事業活動が社会から支持されれば付加価値が生じ（即ち、儲かるということ）、内部留保が増えて会社の株価が上昇します。その結果、さらなる資金が集まることで、会社と社会が発展していくのです。そしてこのプロセスを健全に機能させるためには、会社がどれくらい儲かっているか（即ち、どれくらい付加価値を稼ぎ出せているか）を

しっかり「見える化」しなければなりません

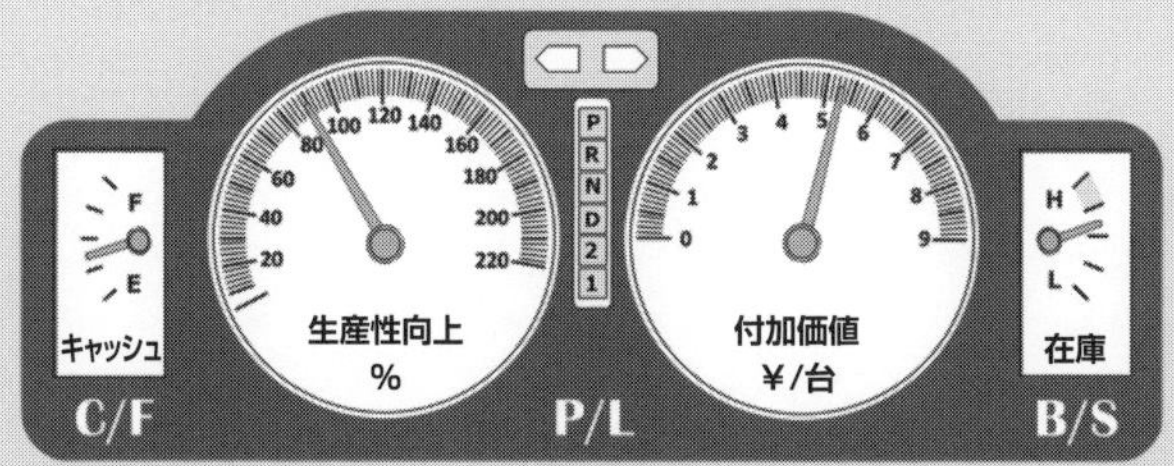

皆でお金を預けて、

皆で頑張って、皆で豊かになる。

それが株式会社の本質です！

II

株主不在のムダ
―資本主義社会の掟とは？―

会社は最終的に株主のものです。
それを忘れたカイゼンはムダなのです。

厳しい時代を生き抜く力

なぜなぜ
11
株式会社の始まりを知っていますか？

お金を預かり運用し、増やして返す…それが原点です

◆史上、最初の株式会社はイギリスの東インド会社だとされますが、会社の仕組みの基本は大航海時代頃に出来上がっていたと言われます。当時の冒険家が王様や貴族や大商人からの出資を受け、航海を成功させ、お金を返済するという活動が会社の原型だったのです。その過程で、会計や簿記や原価計算の仕組みも整備されていきました。

◆コロンブスがアメリカ大陸発見という偉業を成し遂げたのも、おそらくは会計や簿記の仕組みに長け、資金を集めて運用する事業家としての才能に恵まれていたからです。もちろん王様や貴族から調達した資金は、高い利子を付けて返済しなければならず、それに失敗した場合は

死罪すら免れませんでした

それが日常の光景だったことは、シェイクスピアの作品「ベニスの商人」に登場するシャイロックのエピソードにも明らかです。お金を預かって運用し、必ず増やして返す…それが今も変わらない資本主義社会の掟なのです。

ポイントBOX **預かったお金を約束通りに増やして返せなかった事業家は死罪でした**

タダのお金なんて、どこにもない

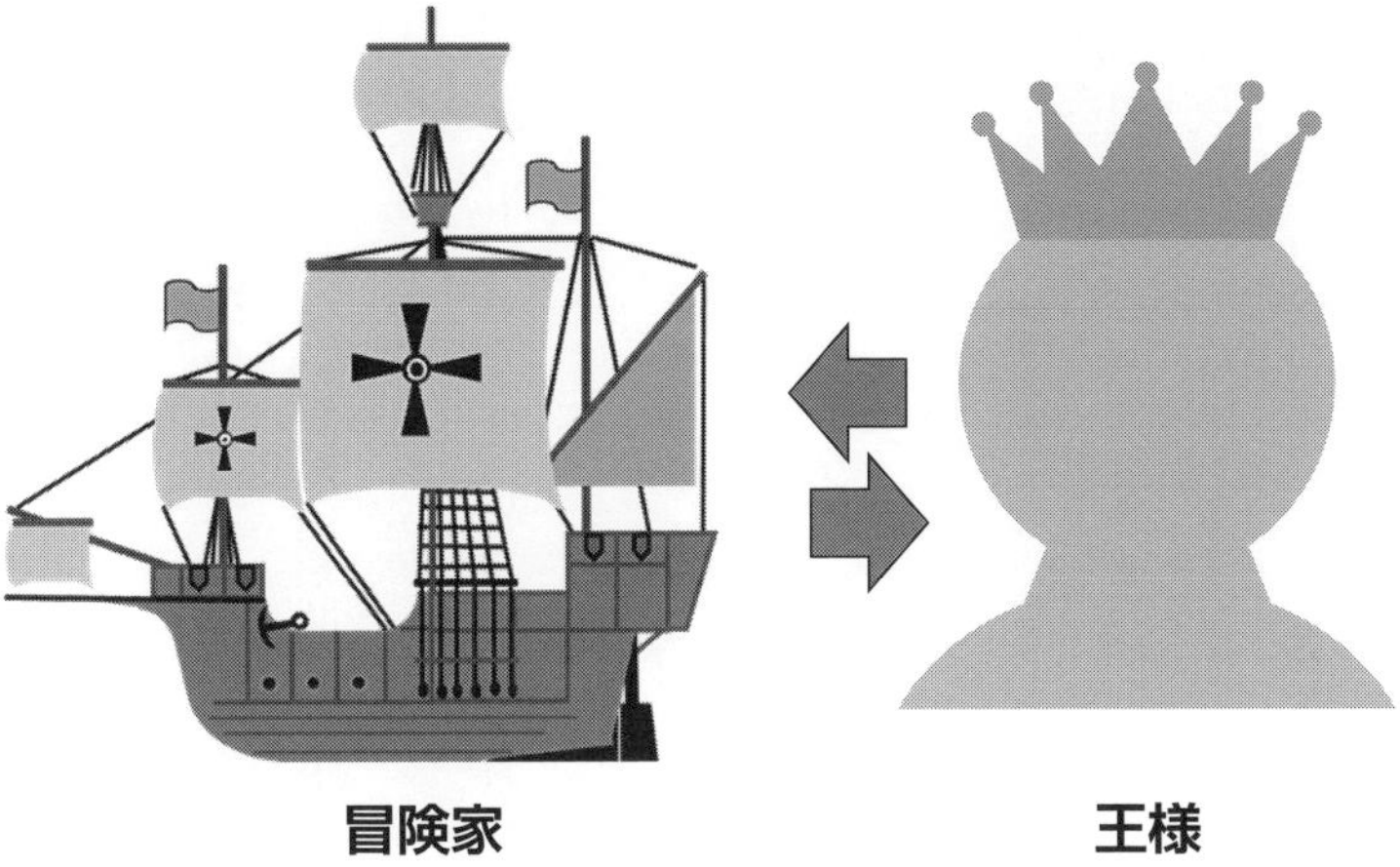

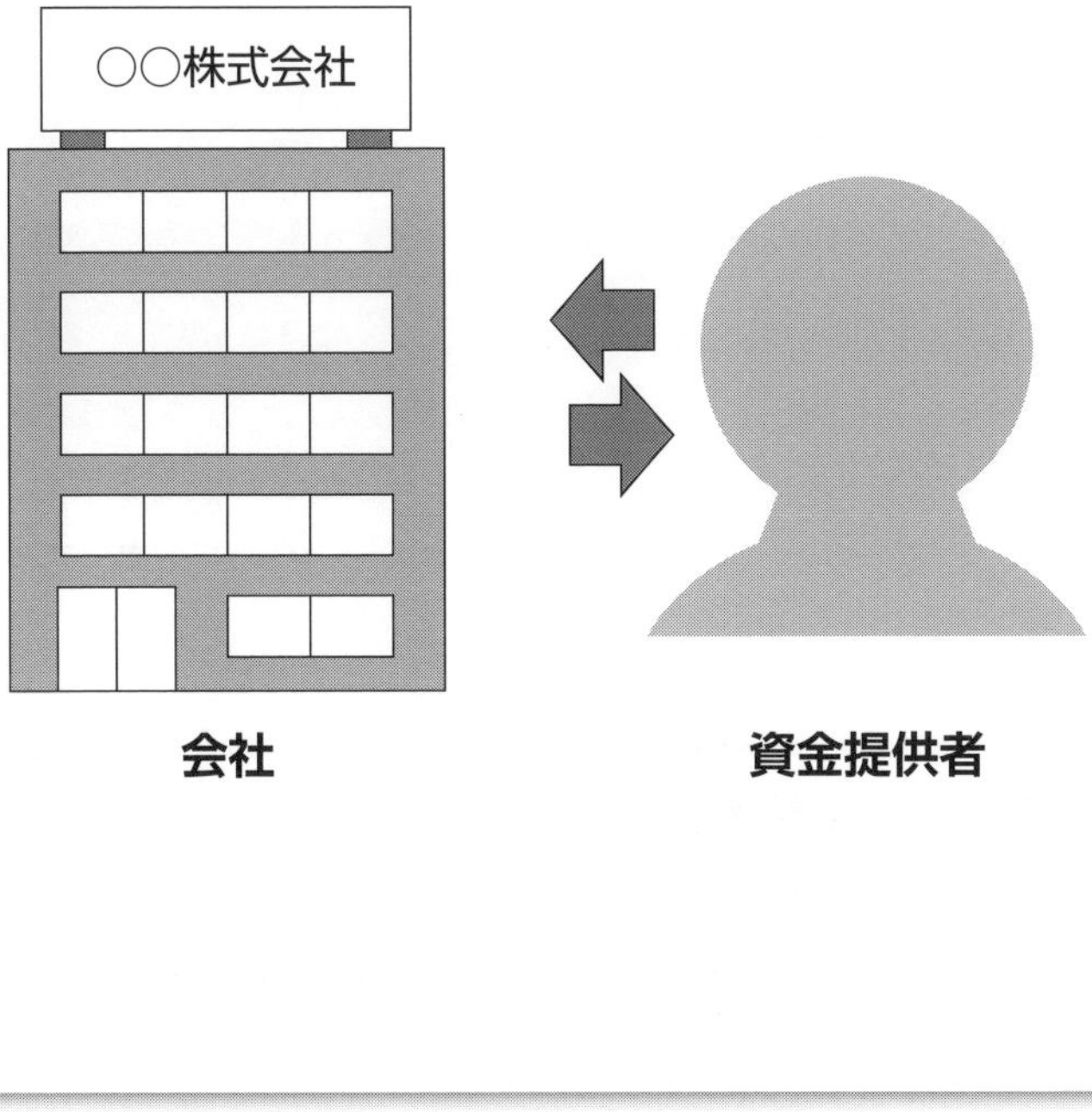

なぜなぜ 12

2つの資金運用、あなたはどちらを選びますか？

手堅い債券投資か？
リスクある株式投資か？

◆例えば皆さんが退職金や年金の運用方法を決める時、大きく見て2つの選択肢を迫られるでしょう。①リスクは少ないものの利回りも小さい債券投資を選ぶか、②リスクはあるものの利回りも大きい株式投資を選ぶかです。

仮に債券投資の期待利回りが年5％なら、100円の元手は1年後に105円、2年後に110円と増えていなければなりません。

1年後：　100円×105％＝105円

2年後：　100円×105％×105％＝110円

◆仮に株式投資の期待利回りが年10％なら、100円の元手は1年後に110円、2年後に121円と増えていなければなりません。

1年後：　100円×110％＝110円

2年後：　100円×110％×110％＝121円

約束通りに増えなければ会社に文句を言わなければなりません。それが株式投資なら、会社を見捨てて株を捨て売りすることもあるでしょう。

ポイントBOX　ローリスクならローリターン、ハイリスクならハイリターンは当然です

資金運用・２つの道

	A	B	C	D
1				
2	ローリスク　ローリターン			
3	**債券投資**	現在	１年後	２年後
4	期待リターン	100円	105円	110円
5	５％			
6				
7	ハイリスク　ハイリターン			
8	**株式投資**	現在	１年後	２年後
9	期待リターン	100円	110円	121円
10	10％			
11				

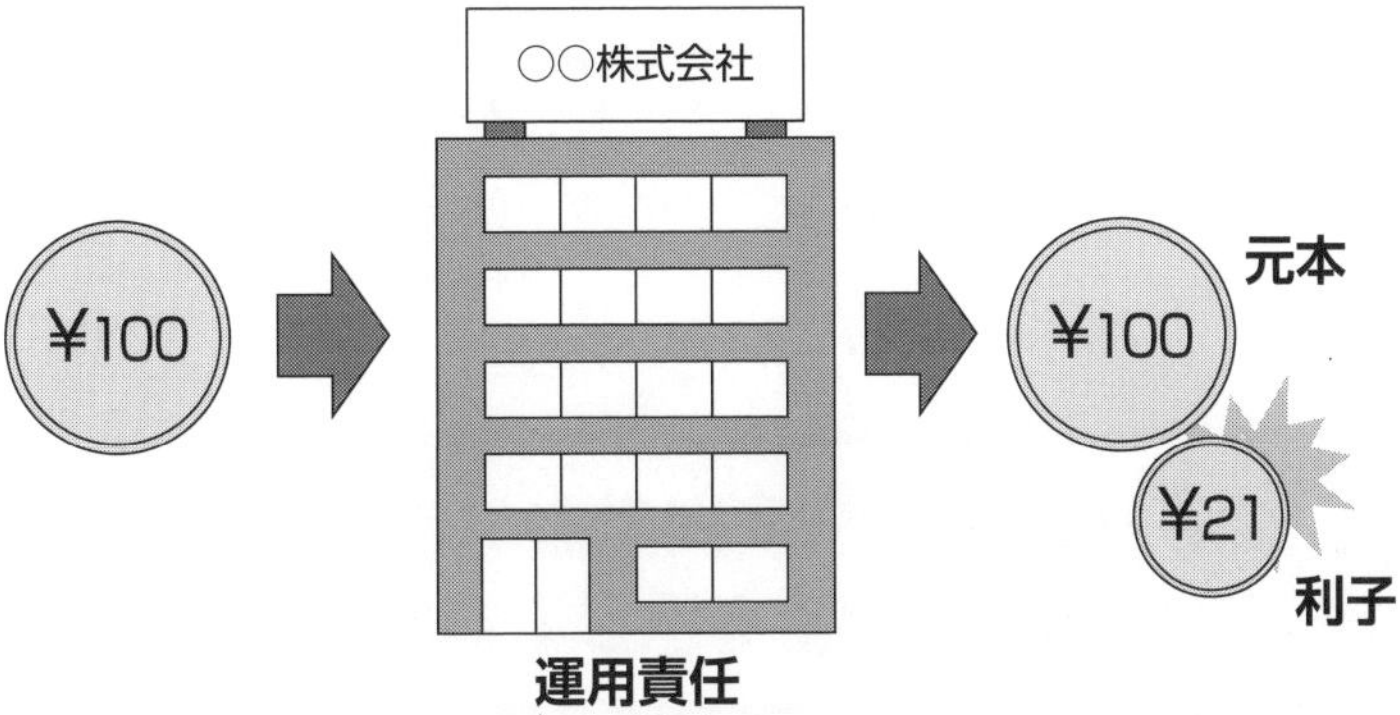

なぜなぜ 13

株主が株式会社に望むことは何ですか？

資金提供者は、運用成果を期待して資金を会社に託す

◆ある資金提供者が年10％のリターンを期待してお金が運用できる状況にあるとしましょう。運用されるお金は複利で増えていきます。例えば、今手元にある100円の元手は、1年後には100円×110％で110円、2年後には100円×110％×110％で121円に増えているはずです。即ち、この資金提供者にとっては、今手許にある100円は1年後には110円、2年後には121円に増えているはずのお金であり、価値が等しいと言えます。さて、このお金を何に使いましょうか？

◆言い換えると、この人にとっての1年後の100円、2年後の100円は、今手許にある100円とは等価ではありません。1年後の100円と等価なのは今手許にある91円、2年後の100円と等価なのは今手許にある83円です。この状況を、以下のように表現することがあります。

「1年後の100円を現在価値に割り引くと91円になる」
「2年後の100円を現在価値に割り引くと83円になる」

ポイントBOX **割引計算は、資金提供者（例えば株主）の運用期待を示しています**

資金運用の視点

	A	B	C	D	
1					
2					
3	期待リターン	元本	１年後	２年後	
4	10％	100円	110円	121円	
5					
6					
7	10％	91円	100円	110円	
8					
9					
10	10％	83円	91円	100円	
11					
12					
13					
14					

資金提供者：預けたお金は増えるはずだ

会社　　：預かったお金は、必ず増やさなければならない

なぜなぜ 14

会社は株主に対しどんな責任を負っていますか？

託された資金の運用責任を、しっかり果たす

◆古めかしい会計用語に負けないでください。今度は会社の立場で見てみます。会社が債券と引き換えに預かったお金は、何があっても利子をつけて返済しなければならない借金（他人資本）です。返済できなければ

銀行から取引を停止され、会社は死にます

◆他方、会社が株式と引き換えに預かったお金は、利子どころか元本の返済さえも約束されない資本（自己資本）です。資金提供者がそんな投資を選ぶことがあるのは、それがハイリスクではありながら、成功すれば債券よりも遥かに大きなリターン（配当や株価上昇）があると期待するからでしょう。もし期待を裏切られれば、資金提供者は

返済を求める代わりに、株式を捨て売りする

ことになります。その結果、株価は暴落し会社は消滅に向かいます。これもまた会社の死であり社会の死です。どちらにしても、会社が資金提供者から預かったお金は運用責任を約束したものであり、決して（！）タダではないのです。

ポイントBOX **自己資本（資本金や内部留保）と言えども決してタダではありません**

資金提供者の視点 vs 会社の視点

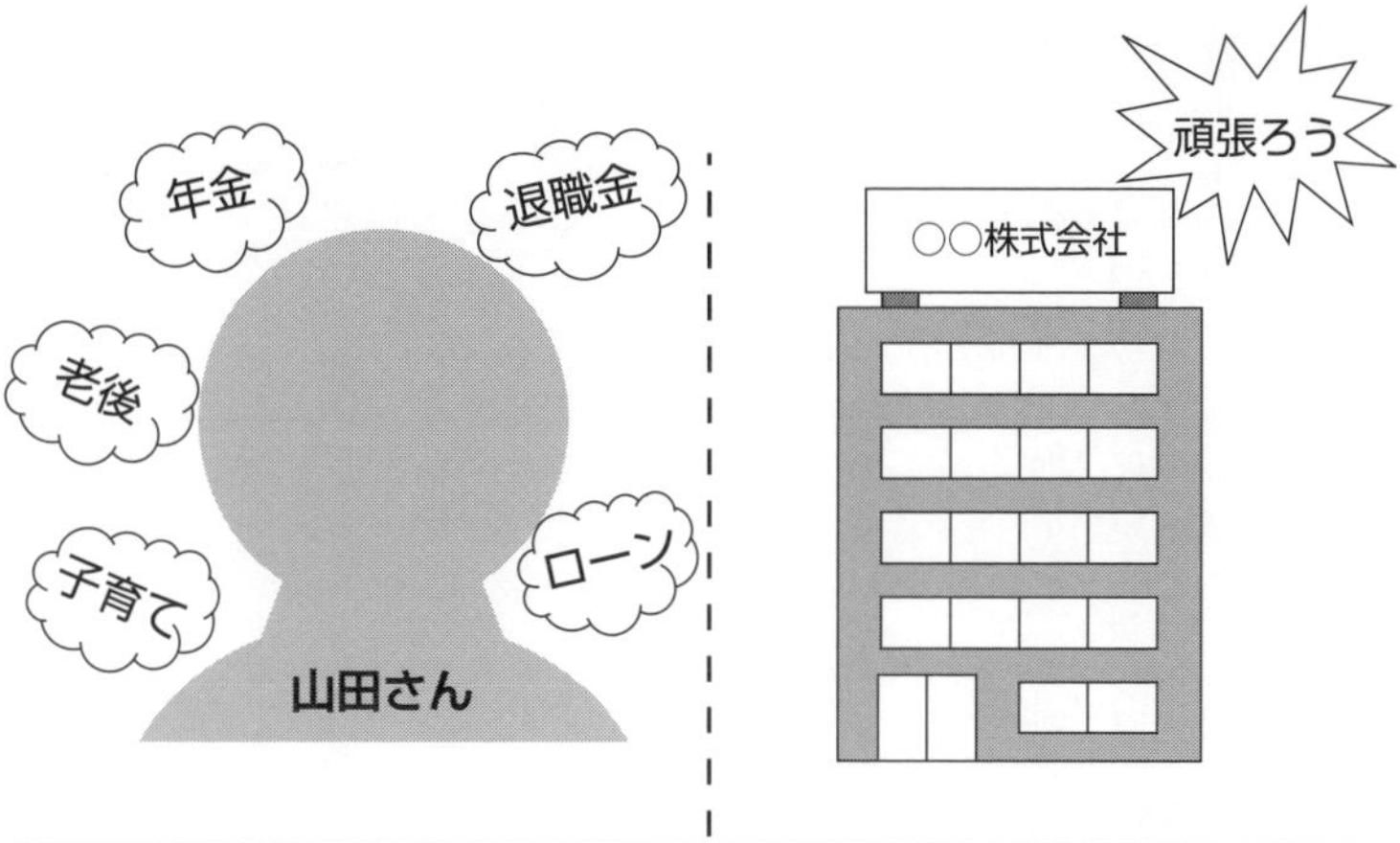

債券投資	借金（他人資本）
✔ 経営への参加権がない	✔「他人資本」と呼ばれる理由
✔ 元本とリターンは保証される	✔ 必ず返さなければならない
✔ ローリスク　ローリターン	✔ 相対的に低コスト（※）
✔ リターンは利子の受取り	✔ 返せないと銀行が取引停止

株式投資	資本（自己資本）
✔ 経営への参加権がある	✔「自己資本」と呼ばれる理由
✔ 元本もリターンも保証されない	✔ 返さなくてよい
✔ ハイリスク　ハイリターン	✔ 相対的に高コスト（※）
✔ リターンは配当や株価上昇	✔ 期待に応えないと株価下落

※伝統的に「コスト」と呼ばれている

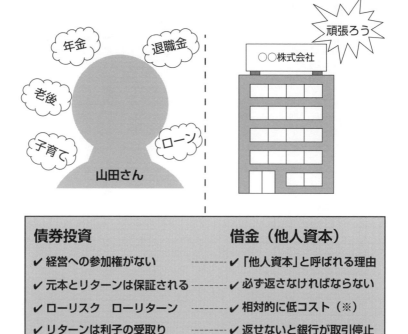

なぜなぜ

15

株主の期待が達成できなかったらどうなりますか？

昔なら死刑、今日では会社の消滅…それが世界の掟

◆今回は「純資産」という言葉に慣れましょう。会社の全資産（例えば100億円）から会社の全借金（例えば60億円）を引いた残り（例えば40億円）が会社の純資産です。ですから純資産は

会社の値段だとも言えます

そのため市場で取引される株式の時価総額は、会社の純資産に近い金額になります。純資産40億円の会社を買おうと思ったら、40億円位のお金を払って株を買い占めればよいわけです。

◆ところが実際には、株式の時価総額が純資産を上回っているケースが殆どです。これは会社が将来にわたり利益をもたらす動的資産だからです。会社の業績が資金提供者の期待を下回れば株価は暴落し、時価総額が純資産を下回ることもあります。この時、敵意ある者が株式を買い占めて会社を解散すれば差額で儲けが出てしまいます。期待された業績を達成できなかった会社は死罪… これが資本主義の掟なのです。

ポイントBOX

株主の期待が達成されなければ株価は暴落し、会社は死にます

敵対的買収とは？

正常な状態の株価

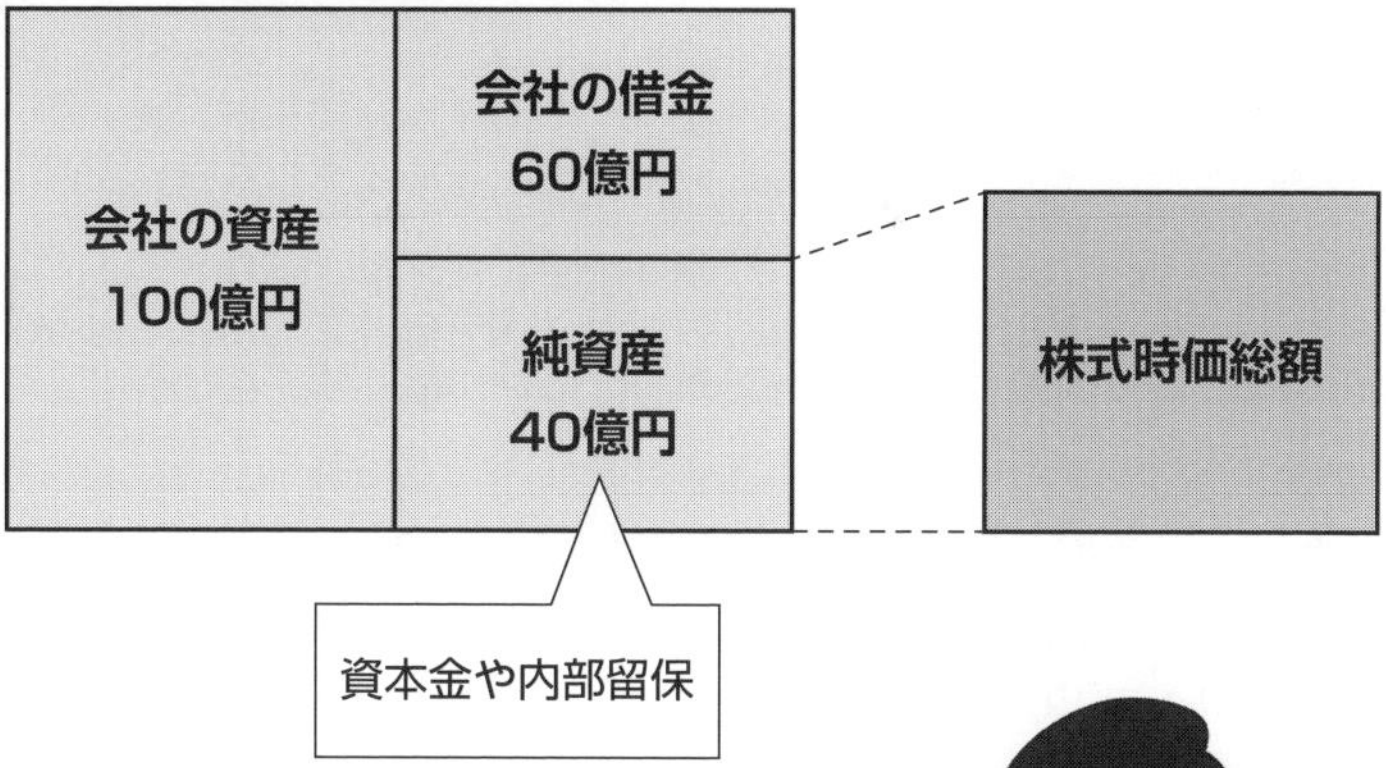

異常な状態の株価

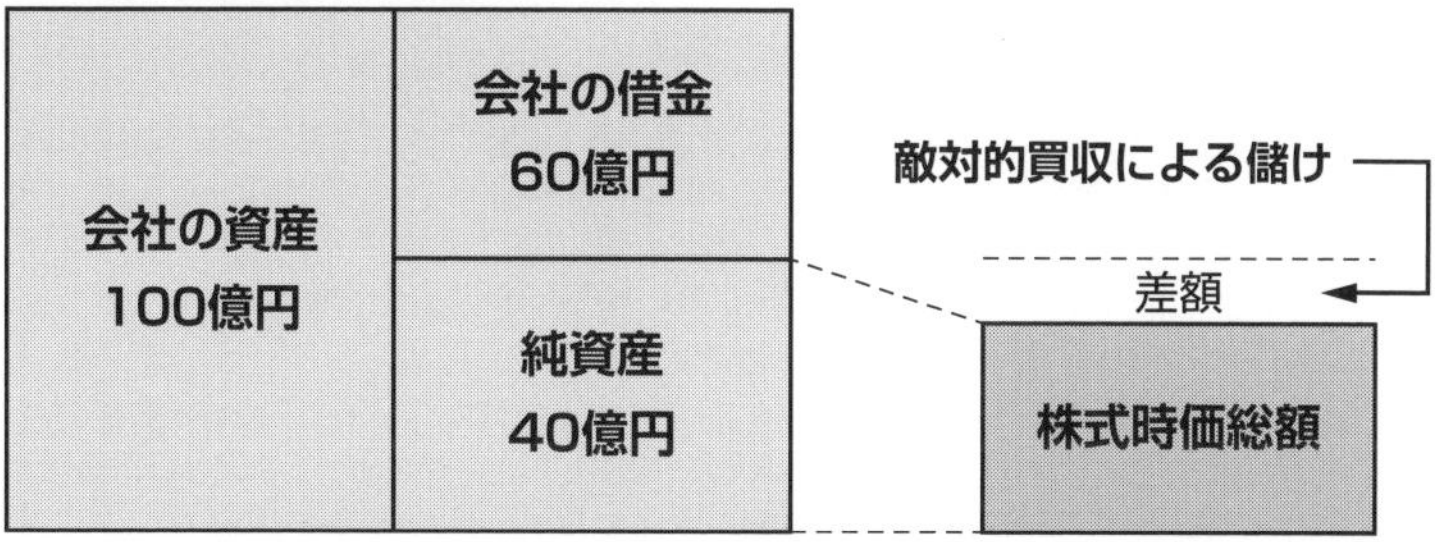

なぜなぜ

16 責任達成／未達成の境界を何と呼びますか？

損益分岐点は、赤字と黒字の境界でもある

◆少し会計を勉強をされた方なら「損益分岐点」という言葉をご存知でしょう。それは2つの活動から成り立ちます。①まず会社は事業活動を通じて売上を実現し、売上高と変動費（コスト）の差額である付加価値を獲得します（**かせぐ**）。②次に会社は、獲得された付加価値を、会社を維持するために必要な経営資源（ヒト・モノ・カネ）に分配します（**わける**）。会社が稼いだ付加価値が、経営資源の維持に必要な固定費を賄えている状態が黒字であり、賄えていない状態が赤字です。

◆赤字になったからといって会社がすぐ倒産する訳ではありませんが、赤字が続けば会社は経営資源を維持できなくなってやがて死に至るでしょう。この赤字と黒字の境界が損益分岐点と呼ばれるものです。ですから損益分岐点は、経営が必達するべき目標として、とても重要です。

1円でも黒字なら天国、1円でも赤字なら地獄

赤字を出してしまった会社は、その責任を厳しく問われるのです。

ポイントBOX **会社が経営責任を果たせたかどうかを示す点が損益分岐点です**

損益分岐点を知っていますか？

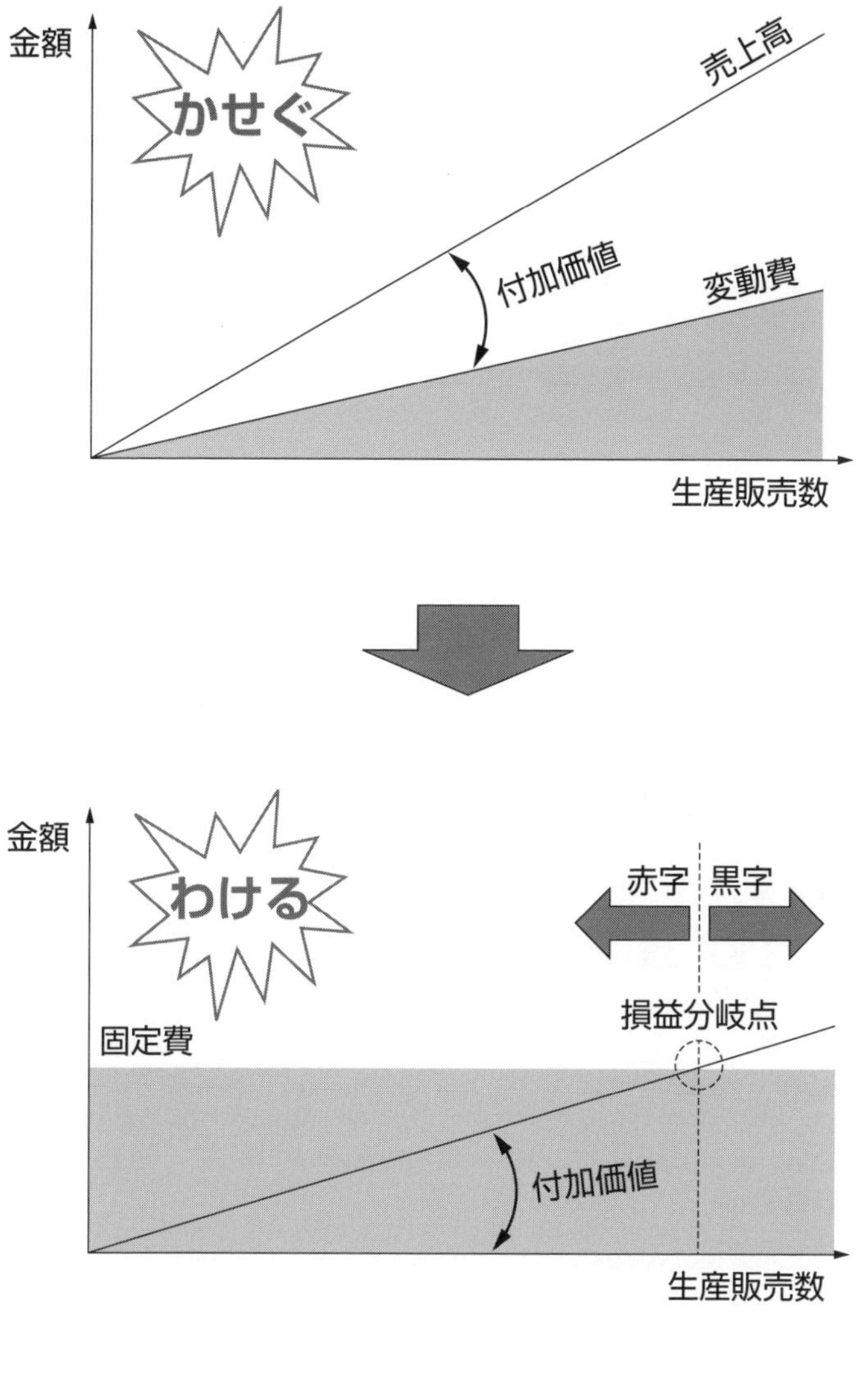

なぜなぜ 17

利益が±ゼロで、本当に損益分岐点なのですか？

自己資本（株主）に対する責任が考慮されていない

◆従来の損益分岐点は、労務費や借金の金利（他人資本のコスト）を賄えば経営責任達成とされるケースが殆どでした。どうやらそこには自己資本がタダだという誤解があったようです。無借金経営が喧伝されたりするのも同じ理由からでしょう。確かに返済に失敗すれば会社の即死（**事故死**）に直結する借金に比べ、返済する必要のない自己資本は経営者にとって使いやすいお金です。設備投資や研究開発に投じられるのも自己資本です。しかし、実は自己資本こそ高いコストを背負った資金であり、それを必達できなければ同じく会社は死（**病死**）に至るのです。

他人資本（借金）のリターン未達成　⇓会社の事故死に繋がる
自己資本（純資産）のリターン未達成⇓会社の病死に繋がる

◆会社の付加価値を増やし生産性を向上させるべきカイゼン活動も、会社が背負っている資本コストを常に意識し、その達成を目指すための活動でなければならないことはいうまでもありません。

ポイントBOX　**カイゼンも、会社の資本コスト達成を目指して行う必要があります**

従来の経営目標（誤り）

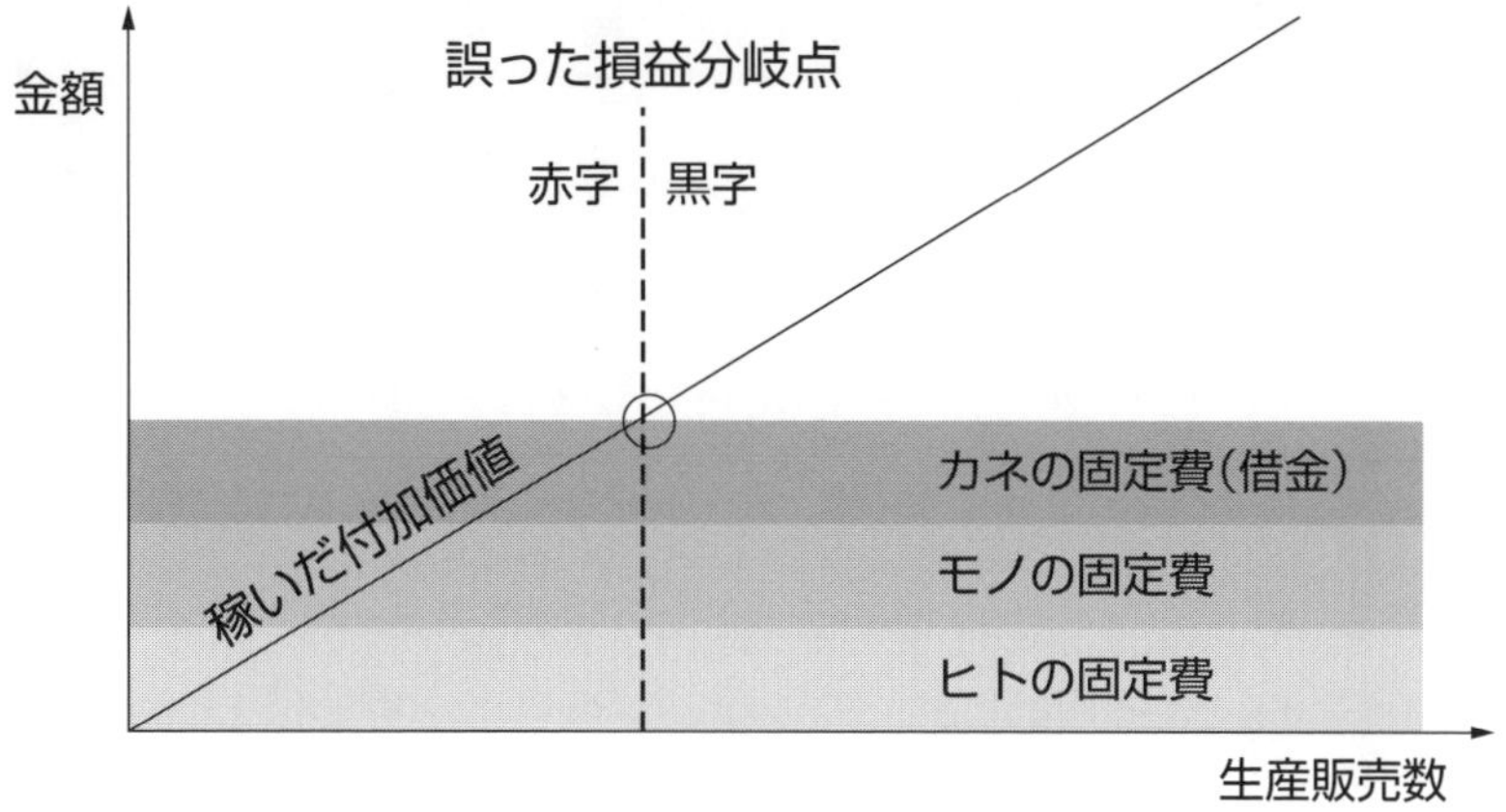

あるべき経営目標

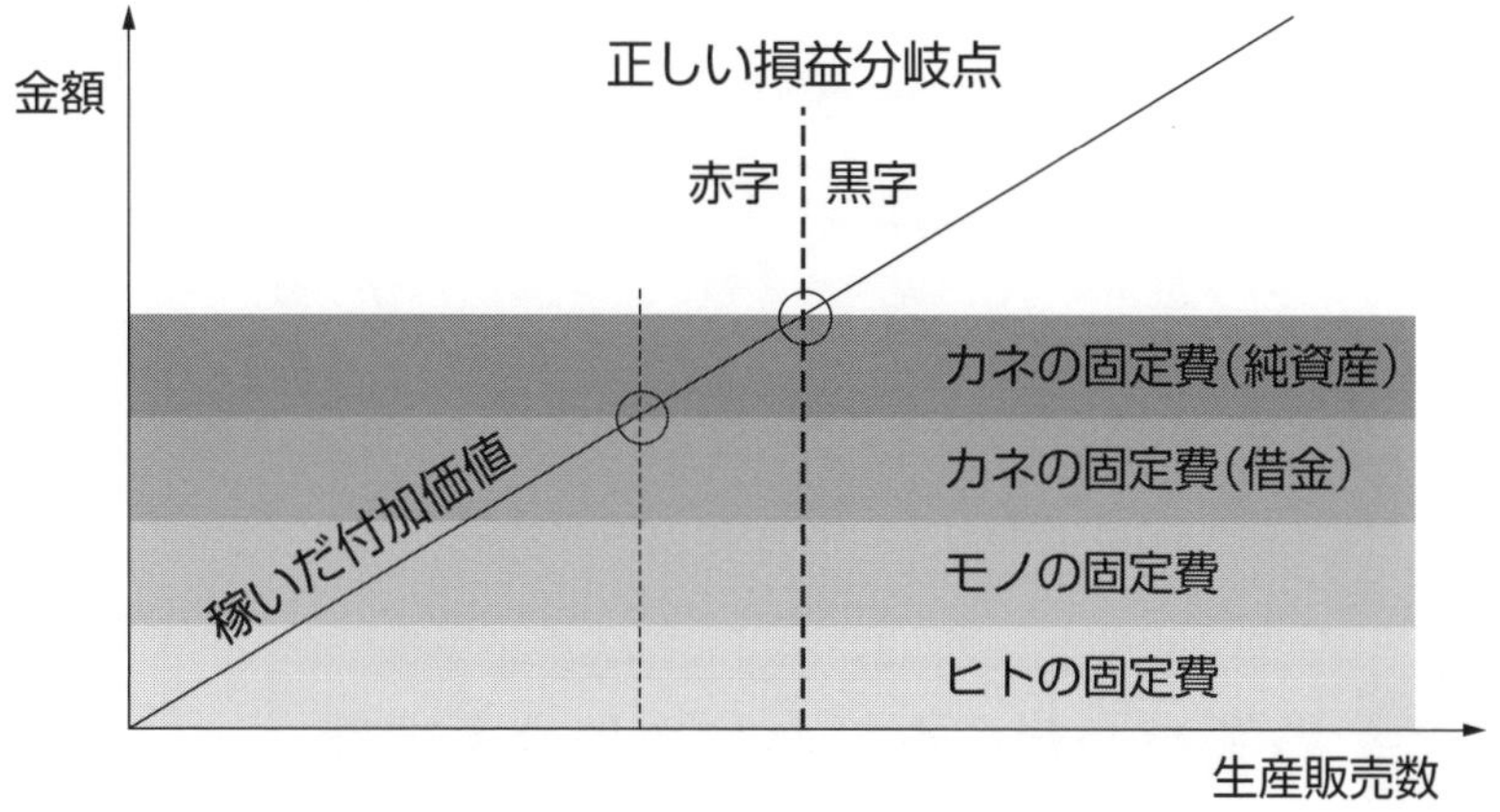

なぜなぜ

18

年金が破綻する本当の理由を知っていますか？

会社の運用責任の未達成が、年金危機の原因だった

◆時々、「年金が破綻しそうだ」と言われます。年金が破綻したら老後はどうなるのか？少子化、高齢化、経済の伸び悩みなどの中、全ては仕方のないことなのでしょうか？実は…この年金危機にも

自己資本はタダだという誤解

の影響があったことをご存知でしょうか？年金や退職金のために私達が拠出したお金はファンド等によって運用されていますが、その重要な柱が株式投資なのです。ところが会社が（つまり私達自身が！）自己資本をタダだと思い込み、株式投資のリスクに見合うリターンを達成しなければ年金制度は成立しません。どうやら他人事では済まなさそうです。

◆結局のところ、年金や退職金がどんどん先細りになり、制度そのものが破綻しかけている背景には、私達自身の誤った認識と行動がありました。私達はモノづくりのやり方を大きく変えなければなりません。時代遅れのカイゼンへの安住は、会社と社会を滅ぼしてしまうのです。

ポイントBOX

株価が上がらなければ、年金も退職金も破綻するでしょう

会社の資金調達～お金の流れ

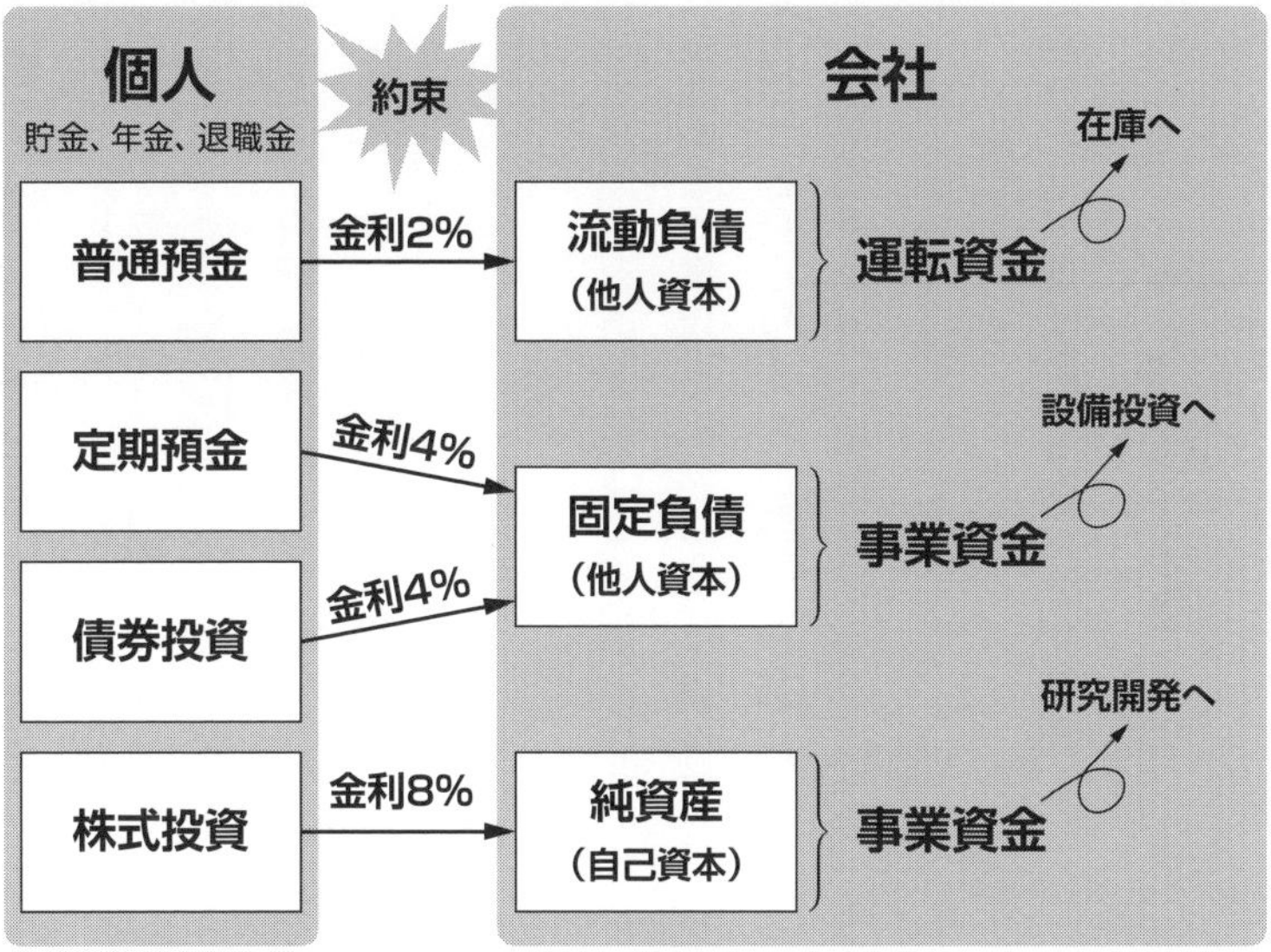

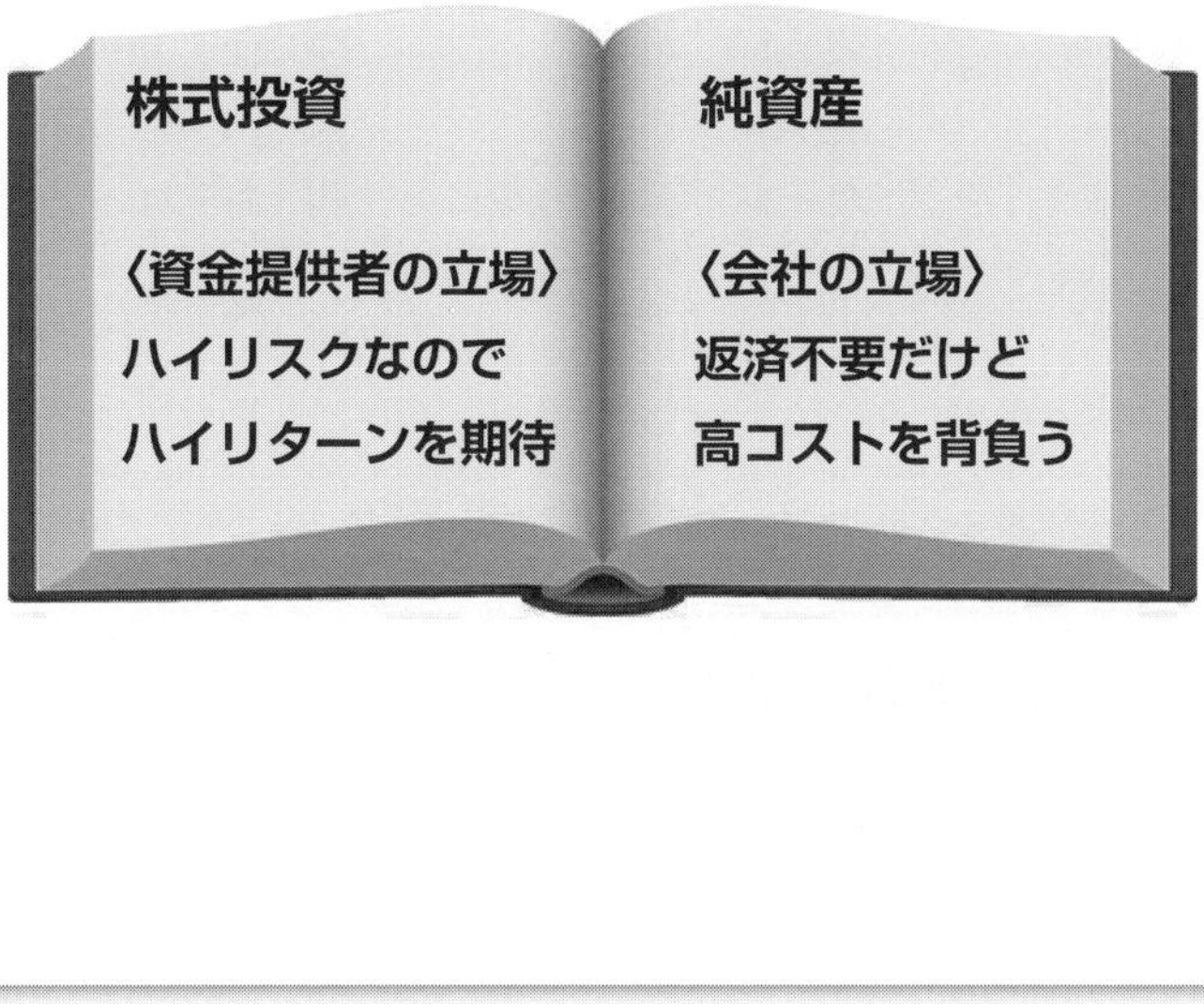

なぜなぜ

19 自分の会社の資本コストを知らされていますか？

目標を知らなかったら、それを達成できるはずがない

◆会社が資金提供者から預かった様々な資金は、運転資金と事業資金に大別されます。運転資金は比較的短期間で返済しなければならないお金（流動負債）ですから、もっぱら在庫資金として運用されます。この運転資金が背負っているリターンを「**在庫金利**」と呼びましょう。

◆他方、事業資金は長期間返済しなくてもよい（株式の場合は直接返済しなくてもよい）お金ですから、長期的な設備投資や研究開発などに投じられます。この事業資金には長期の借入金（固定負債）と自己資本（純資産）が混じっているので管理が面倒です。そこで、それぞれのリターンを加重平均し一体管理するのが世界の潮流です。計算されたリターンは「**資本コスト**（※）」と呼ばれます。資本コストは、それぞれの会社が

必達すべき目標として必ず計算するはずの数値

ですから、皆さんの会社の実際の値は経理部で尋ねてみてください。

※伝統的に「○○コスト」と呼ばれていますが、後述の変動費とは区別してください

ポイントBOX **概念が理解できたら、会社の実際の目標を経理部で聞いてみましょう**

資本コストの計算

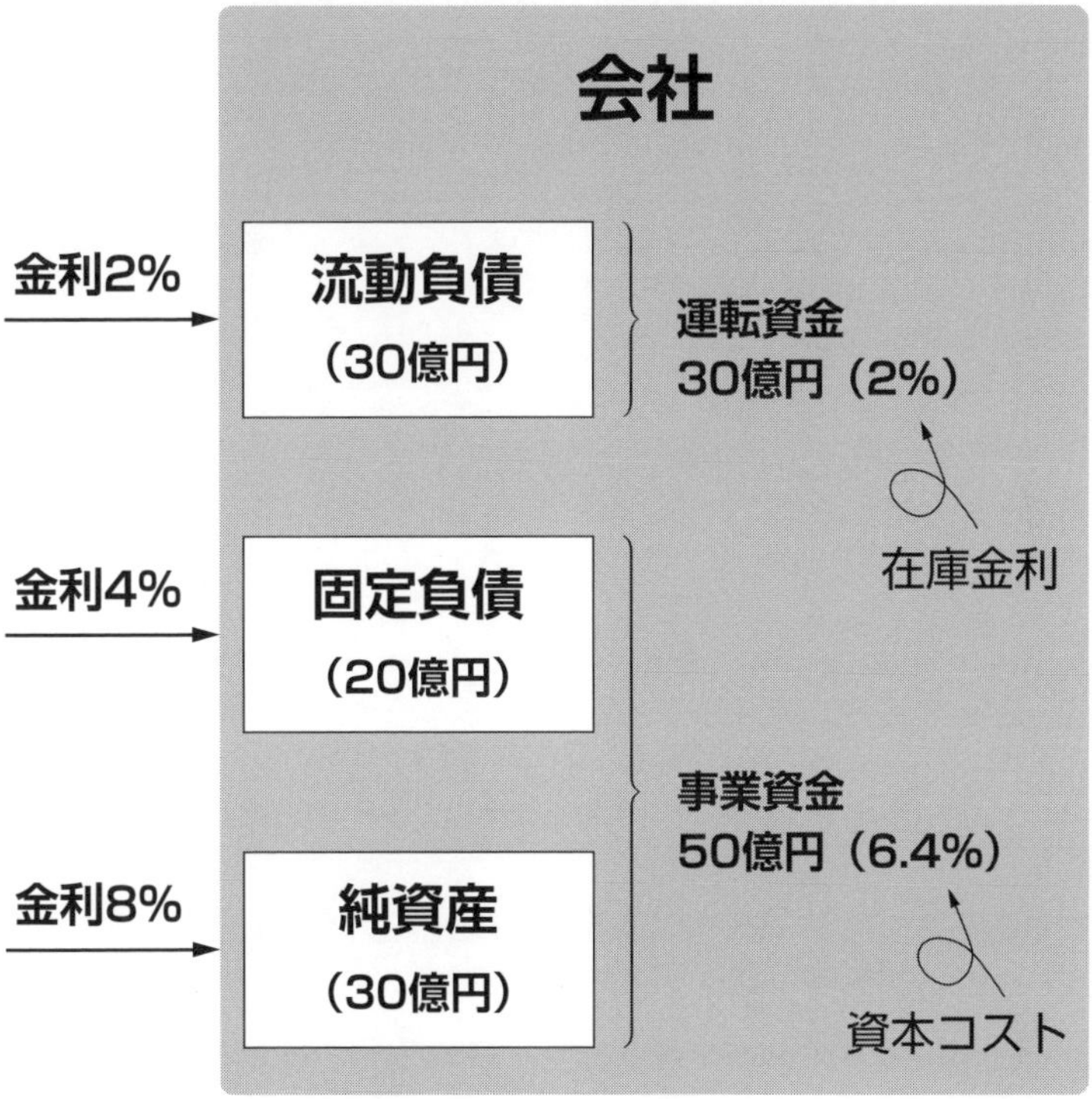

〈加重平均 6.4%の計算〉

$$\frac{(20億円\times4\%)+(30億円\times8\%)}{(20億円+30億円)}=6.4\%$$

なぜなぜ 20

カイゼン活動の目標をどうやって決めていますか?

B/SやP/Lに繋がらない活動はムダになる

◆株式会社で働く私達は、①会社がどのような方法でお金を調達し、②どれだけの資本コストを背負っているか? ③調達されたお金はどのような資産（在庫や固定資産）に姿を変えて運用されているか? について常に注意を払いつつ事業活動を行われなければなりません。そして、お金の調達方法やその運用状況を示すのが**B/S（貸借対照表）**、資金提供者に対するリターン（在庫金利や資本コスト）が適切に達成されているかを示すのが**P/L（損益計算書）**なのです。

◆会社の全ての活動はB/SやP/Lに表現されます。改めて言うまでもなく、モノづくりにおけるカイゼンも重要な事業活動の1つです。ですからB/SやP/Lをしっかり改善していくことがカイゼンの最終的な目標なのです。つまり、B/SやP/Lで表現できないカイゼンは

「カイゼンごっこ」であり

まさにムダな活動と言うべきでしょう。これが**「株主不在のムダ」**の本質です。

ポイントBOX

カイゼンもB/SやP/Lを良くするための活動だと肝に銘じましょう

B/S への道

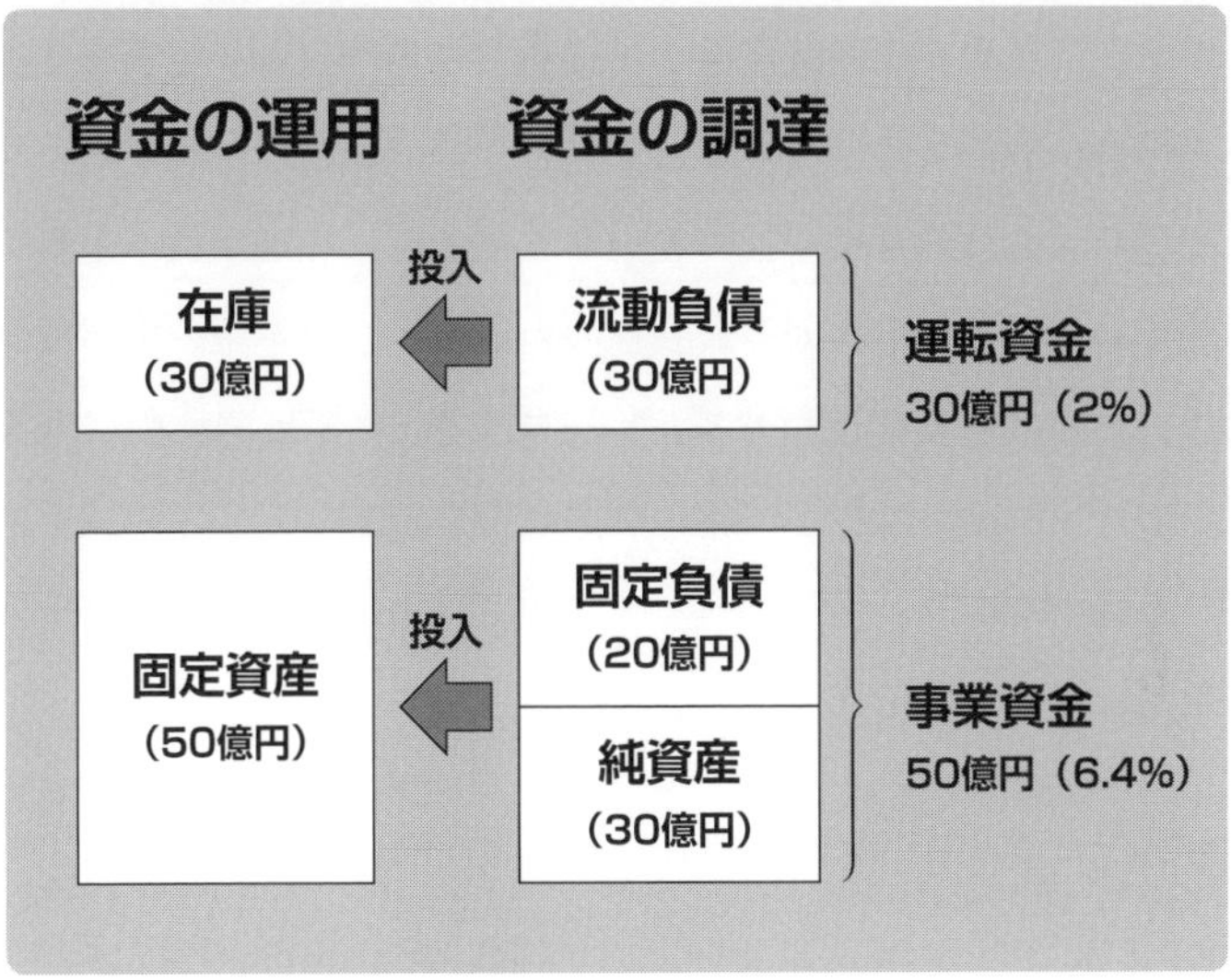
資金の運用
資金の調達
投入
在庫
（30億円）
流動負債
（30億円）
運転資金
30億円（2%）
投入
固定資産
（50億円）
固定負債
（20億円）
純資産
（30億円）
事業資金
50億円（6.4%）

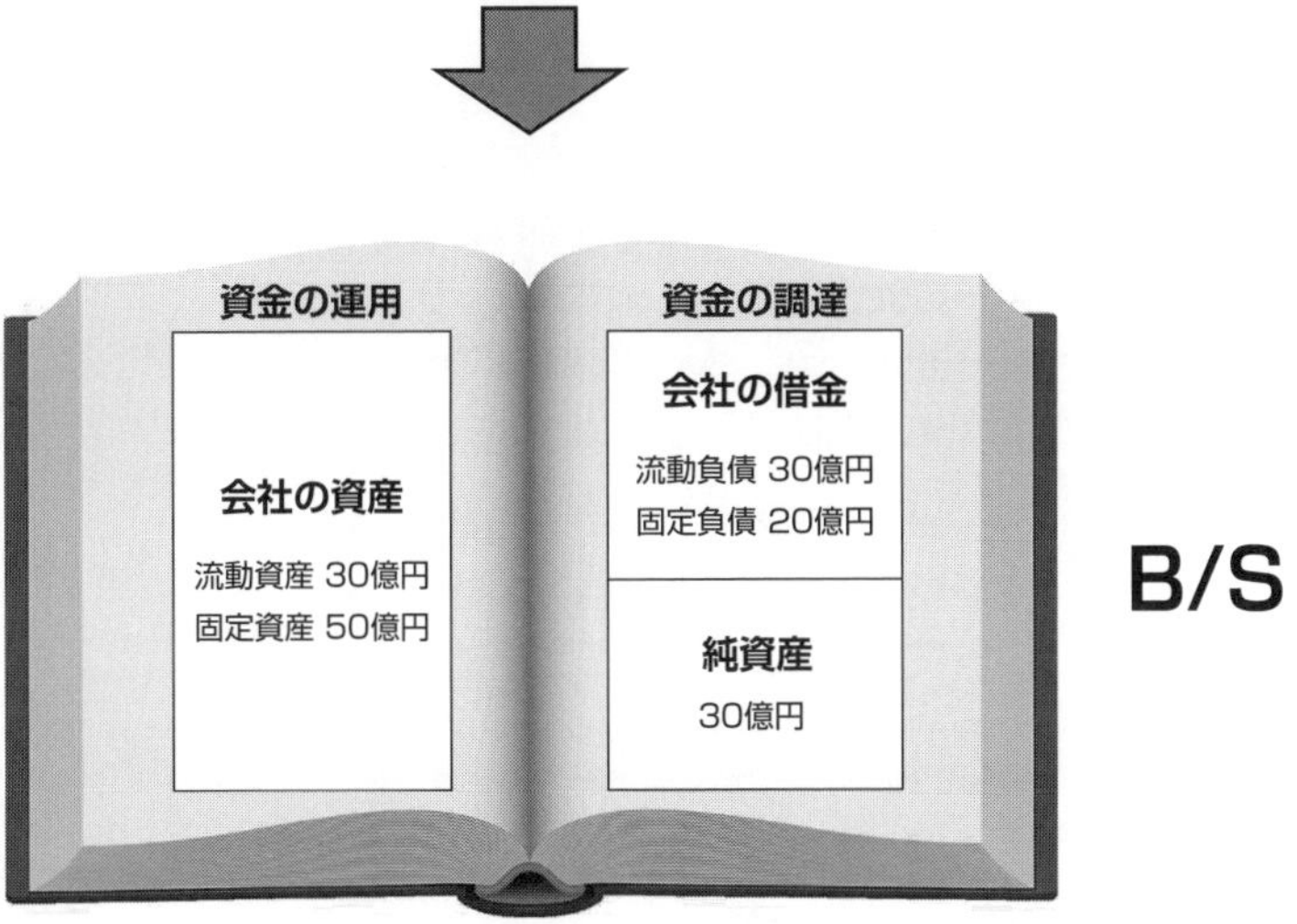
資金の運用
会社の資産
流動資産 30億円
固定資産 50億円
資金の調達
会社の借金
流動負債 30億円
固定負債 20億円
純資産
30億円
B/S

＜株主不在のムダ　～　資本主義を生き抜く！＞

年金がしっかり貰えないかもしれないと心配されていますが、その本当の理由をご存知だったでしょうか？　近年の年金資産の運用成績は芳しくないようですが、日本の株価低迷が１つの重要な原因となっています。ではなぜ日本の株価が低迷しているかと言えば、それは会社の業績が良くないからです。ではなぜ会社の業績が良くないかと言えば、私達が資本主義の根本原理を忘れているからです。即ち、会社の自己資本（資本金や内部留保）をタダだと思い込んで有効に運用せず、いつまでも50年前の活動に埋没しているからなのです。それは株主（年金や退職金を運用している私達も株主です）を忘れた経営であり、巡り巡って年金制度の破綻や私達自身の生活水準の低下に繋がっていたのです！

新しい会計

売上高
－材料費　・・・①ゼロ在庫のムダ
－変動労務費　・・・②ムダ取りのムダ
－外注加工費　・・・③共倒れのムダ
－外注物流費　・・・④場当たり配送のムダ
－在庫金利　・・・⑤工場外無関心のムダ
＝付加価値

－固定労務費　・・・⑥身分分断のムダ
－設備投資　・・・⑦会計不毛のムダ
－資本コスト　・・・⑧株主不在のムダ　★
＝キャッシュフロー

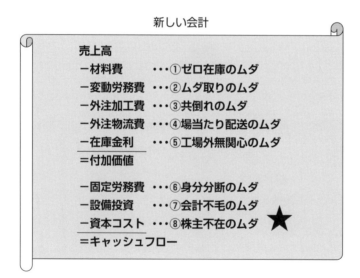

コラム②

年金が増えない理由、知ってましたか？

今、年金制度が崩壊しかけています。金額が少なくなるだけではなく、支給開始年齢もさらに上がってしまう気配です。既に歳を取った人も、これから歳を取る人も…老後の暮らしはどうなってしまうのでしょうか？　一般に、こうした問題の原因は少子化等と認識されていますが、本当の原因はそれだけではありません。実は、

株価の低迷

も、日本の様々な社会保障に暗い影を落としていたのです。なぜなら、年金制度も退職金制度も、私達の拠出金の資金運用で成り立つものだからです。そしてこうした資金運用の重要な柱が、株式投資なのです！　株価は投機の影響もあり激しくアップ／ダウンを繰り返しますが、その基調は会社に蓄積された過去の利益（例えば内部留保）と、将来のさらなる成長への期待で決まってきます。会社が資金提供者

（それは、結局は私達自身のことなのですが…）

の資金運用期待に応えていないこと、言い換えれば、会社が資本コストを達成できていないことが、年金や退職金の先細りの重要な原因になってしまっていたのです。ではなぜ達成できないかと言えば…　それはいつまでも私達が古いカイゼン活動に埋没しているからです！

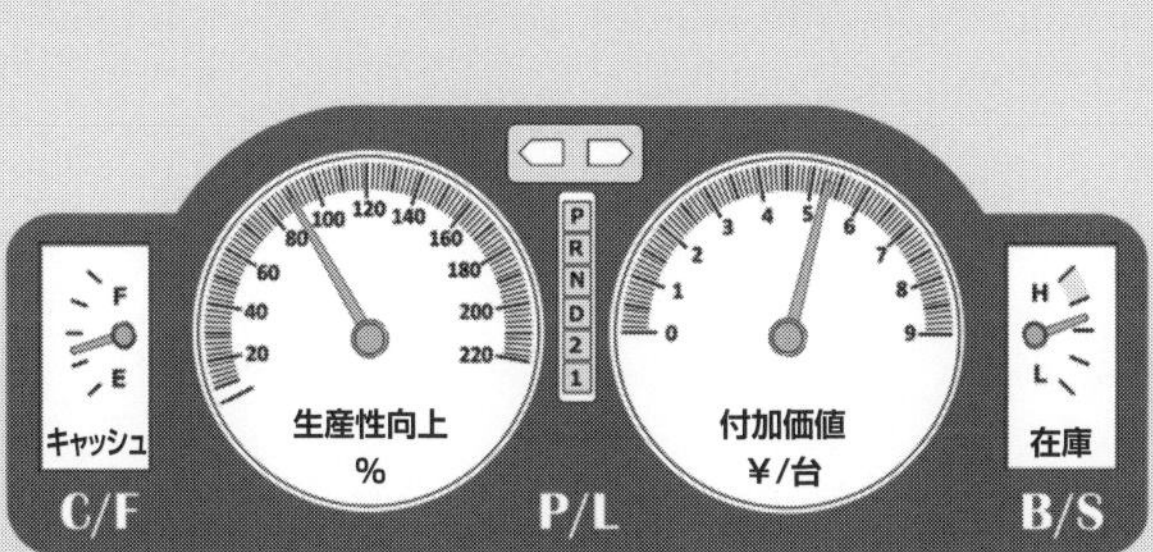

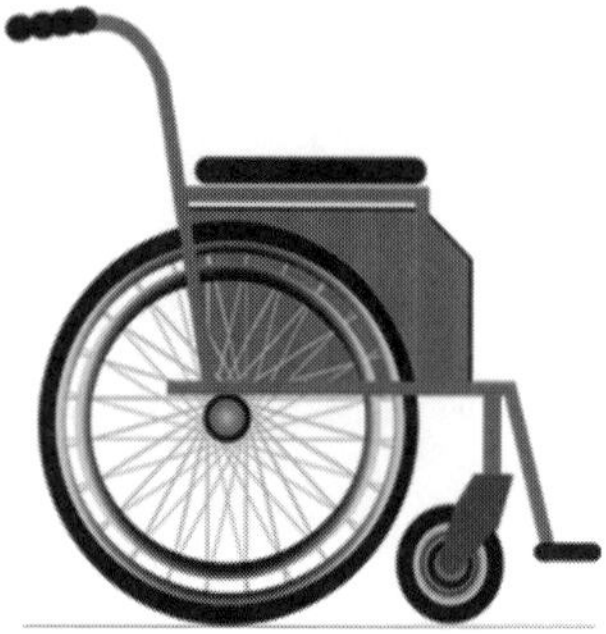

どうして年金が増えないかって？

そりゃぁね、要するに…

自分達の頑張りが足りないってことです。

III

工場外無関心のムダ
―製造業の新しい勝負所を探せ！―

事業活動は工場外にも広がっています。
工場外に無関心なカイゼンはムダなのです。

厳しい時代を生き抜く力

なぜなぜ

21 在庫を減らせと言われるのはなぜですか？

やっている理由すら説明できない活動はムダ

◆多くの製造業で「在庫を持つな！」と言われます。カイゼンの重要な目標の1つもこの在庫削減でしょう（理想はゼロ在庫？）。今や問答無用の常識となった在庫削減ですが、奇妙なことにその理由を尋ねると

答えられない人がほとんどです！

理由がわかっていなければ成功するはずがありません。ですから、まずは在庫を削減しなさいと言われてきた理由を確認しておきましょう。

◆少し勉強された方なら、こんなお答えをくださるかもしれません。「在庫の山はお金の山、在庫が寝ることはお金が寝ること、お金が寝るとキャッシュが回らず事業は止まる…」**これは誤った理解で、**本当の理由は古い原価計算にありました。実は会計のマジックで、在庫を持つほど見かけの利益を増やせてしまうのです。しかしこれは一時的な快楽をもたらす麻薬のようなもので、常用すると会社は死に至ります。だからこそ在庫を持つな、と製造業では厳しく戒められてきたのです。

ポイントBOX **在庫を持つなと言われてきた本当の理由は古い原価計算でした**

在庫は本当に悪なのか？

罪子？

なぜなぜ 22

在庫があるのは工場の中だけですか？

在庫探しの旅、サプライチェーン全体を再確認

◆在庫と言えば、一般的に材料＋仕掛品＋製品を連想しますが、「お金の山」とも表現される在庫は、実は工場内だけに存在するわけではありません。サプライチェーンを辿って在庫がどこにあるか探してみましょう。

会社はまず銀行から運転資金を調達して原材料を購入します（①**材料在庫**）。原材料は生産工程に投入されて仕掛品に姿を変え（②**仕掛在庫**）、完成すれば製品になります（③**製品在庫**）。製品は売り上げられて工場から出荷され、お客様のところに届けられた時点で売掛金や受取手形となります（④**売上債権**）。これらの売上債権は回収されて現金預金（⑤**お金そのもの**）となり、利子とともに銀行に返済されることでサプライチェーンが一巡することになります。

◆このようにサプライチェーンを辿ってみると、運転資金は工場内の在庫（材料、仕掛品、製品）を経て工場外の在庫（売上債権、現金預金）になり、最終的に銀行に返済されているということがわかります。

ポイントBOX

お金の山という意味での在庫なら、工場内にも工場外にもあります

サプライチェーン

B/Sの視点	P/Lの視点
材料	材料費
仕掛品	変動労務費
製品	外注加工費
売上債権	外注物流費
現金預金	在庫金利

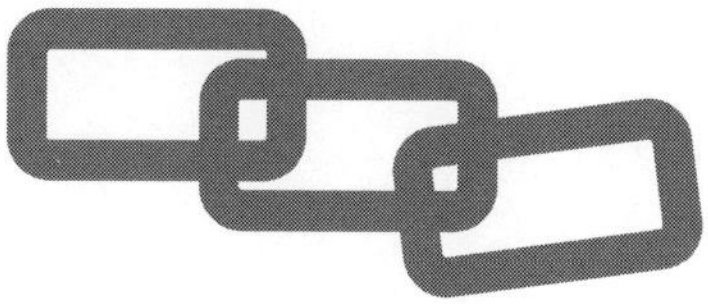

全体を見る！

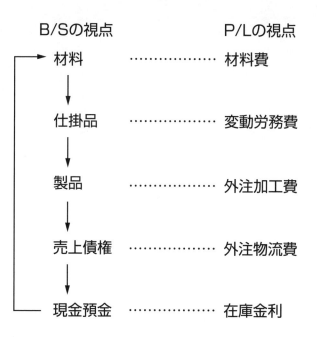

なぜなぜ 23

貸借対照表で在庫を調べたことがありますか？

貸借対照表こそが、最善の在庫一覧表

◆ところで生産技術者の皆さんは、在庫の量をどうやって把握していらっしゃるでしょうか？　工場内の在庫なら歩き回って目で見て確認できます。しかし在庫管理や在庫削減活動は、サプライチェーン全体を対象としなければ意味がありません。外注加工先に預けた在庫や、売上債権の状況はどうすればわかるでしょう？　実は…貸借対照表（B／S）こそ、

会社に存在する全ての在庫の一覧表になっているのです！

即ち、貸借対照表の「左側」の流動資産の部を見れば、工場内／外に拘わらずサプライチェーン全体の在庫を簡単に把握できます。

◆貸借対照表（B／S）を見る際に併せて注意すべきは「右側」の内訳です。在庫を調達するための**運転資金**や、設備投資・研究開発といった活動に投じられる**事業資金**は、全て資金提供者にリターン（金利や配当や株価上昇）を約束して調達されているものです。まさに在庫がお金の山であるという姿が、貸借対照表（B／S）には表現されています。

ポイントBOX **会社全体の在庫を把握するためには、B/Sを上手に使いましょう**

在庫の全体像は貸借対照表（B/S）で把握する

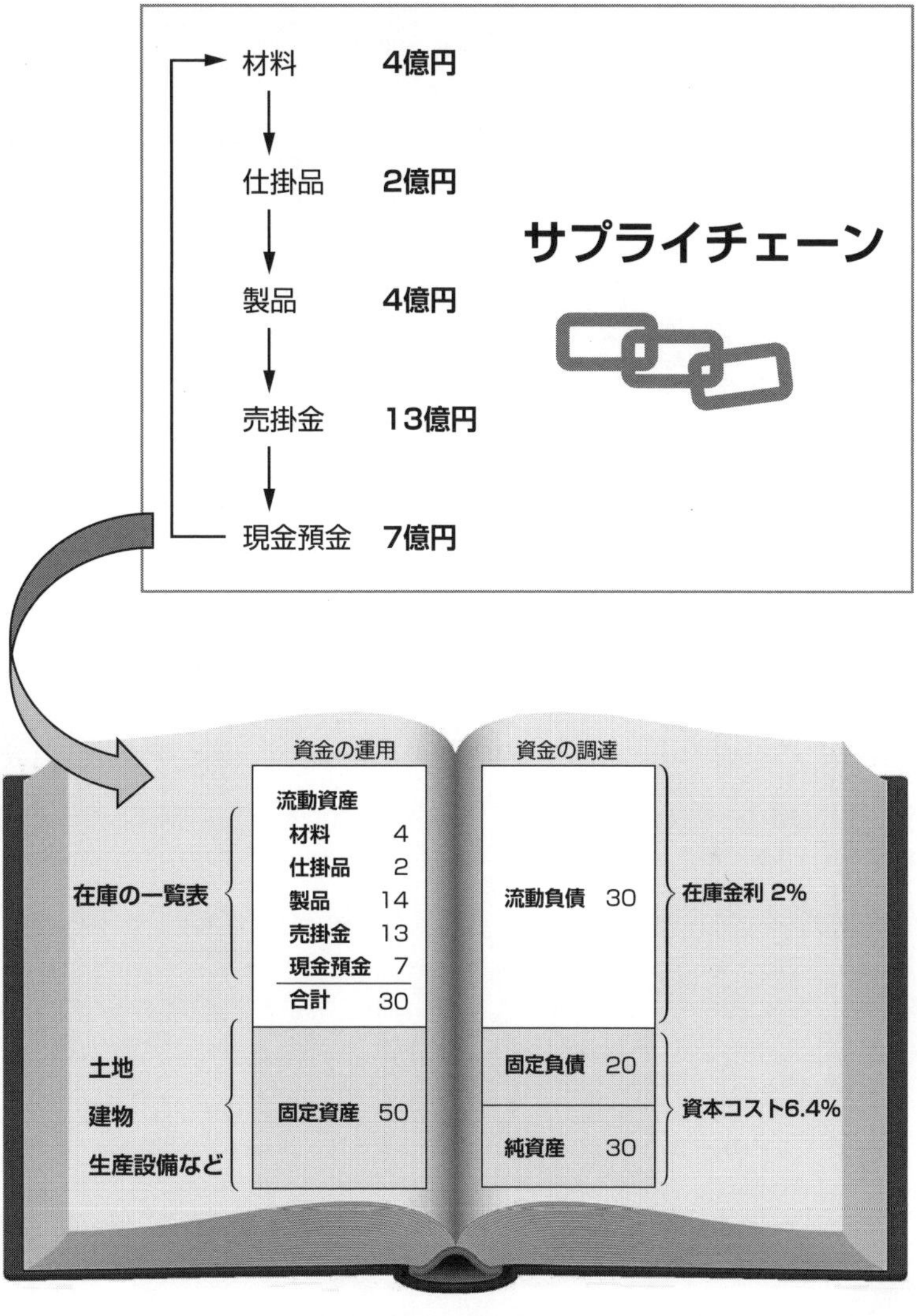

これがB/S

なぜなぜ 24

在庫（お金）が寝たらいけないのはなぜですか？

お金が足りなきゃ借りれば済む…でも金利は増える

◆「在庫が寝ると、お金が寝て事業が回らない」と説明されますがウソです！　そんな時は運転資金を追加で借り入れます。技術者の皆さんは意外に思われるかもしれませんが、

むしろ、お金を寝かさなければ財務指標が悪化

して運転資金の借り入れができなくなってしまうことがあります（流動比率や当座比率など⇒後述）。もちろん、こうした追加借り入れを行えば金利も当然に増えますから、事業効率⇕在庫金利⇕財務指標のバランスに注意を払いつつ事業活動を進めていかなければなりません。

◆在庫金利の金額は、在庫高に運転資金の年利率を乗じれば計算できます。仮に在庫高30億円、運転資金の年利３・３％なら在庫金利は1億円（30億円×３・３％）です。在庫が60億円に増えるなら、在庫金利も2億円（60億円×３・３％）に増えることになります。これが在庫（つまりお金）を寝かすことの負担です。なお、この計算をするには運転資金の年利率の値が必要ですが、これは経理部で聞いてみてください。

ポイントBOX 在庫を持つことの是非は、在庫金利を計算しないと判断できません

在庫金利の計算方法

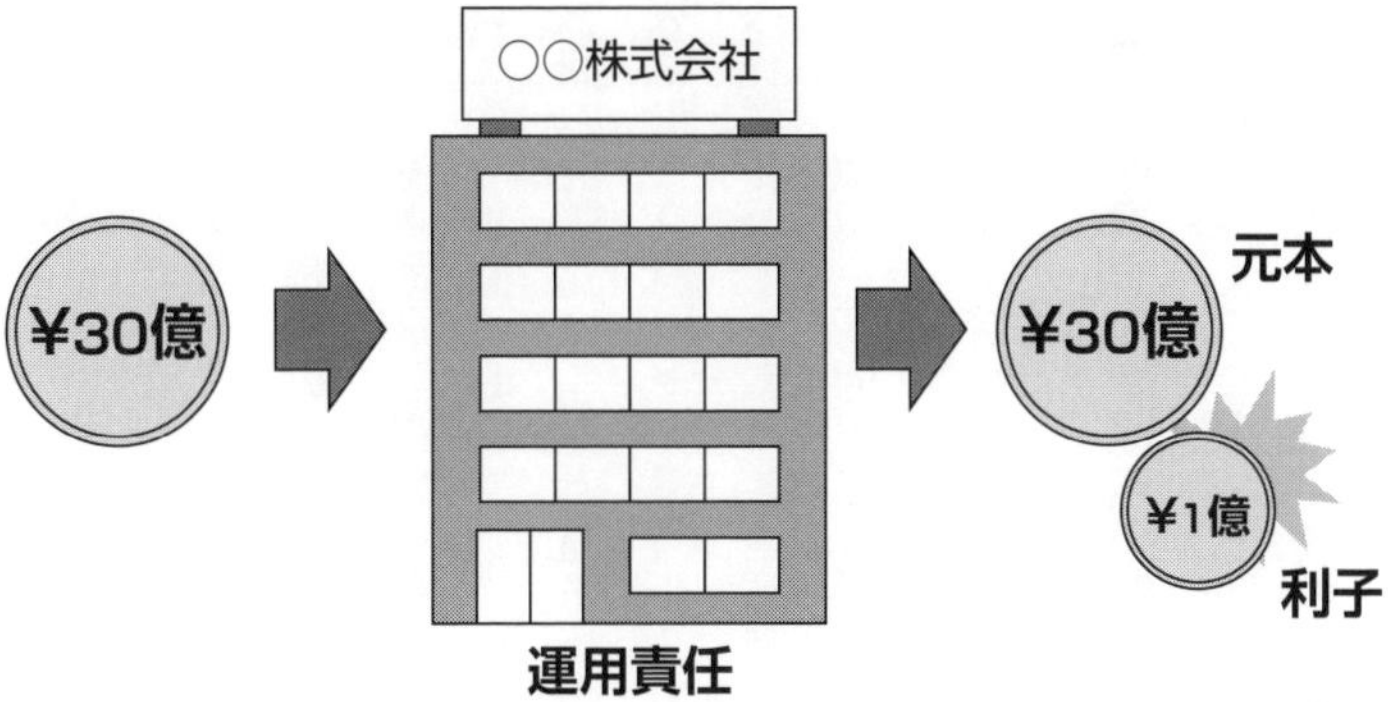

	A	B	C	
1				
2	在庫資金年利			
3	3.3％			
4				
5		金額		
6	材料	4億円		
7	仕掛品	2億円		
8	製品	4億円		
9	売上債権	13億円		
10	現金預金	7億円	在庫金利	
11	合計	30億円	30億円×3.3％＝1億円	
12				
13				

なぜなぜ
25

在庫回転数を計算したことがありますか？

在庫削減ができたかどうかを判断するための指標

◆さて、在庫はどの程度まで持ってよいのでしょうか。例えば、同じく30億円分の在庫でも、売上高が100億円の会社と1000億円の会社では在庫金利の負担感が全く違うはずです。そこで財務会計の世界では「在庫回転数」という指標を用いて、在庫が過剰／過剰ではないという判断をします。

在庫回転数の計算式は「売上高÷在庫高」です。売上高100億円、在庫高30億円なら在庫回転数は100億円÷30億円＝3・3回転と求まります。これは在庫が概ね1年間で3・3回入れ替わっていることを意味します。仮に在庫高を20億円に圧縮できるなら在庫回転数は100億円÷20億円で5回転に上昇します。回転数が高いほど、

在庫金利の負担が相対的に小さいと判断できます

◆在庫回転数の逆数を在庫回転期間と呼ぶことがあります。回転数が3回転なら回転期間は4ヶ月、4回転なら3ヶ月、12回転なら1ヶ月です。在庫回転期間は、実質的にはリードタイムの近似値でもあるので便利です。

ポイントBOX **在庫回転数は、在庫高が過大／過少の判断に使われる指標です**

在庫回転数の計算

$$在庫回転数 = \frac{売上高}{在庫高}$$

$$= \frac{100億円}{30億円}$$

$$= 3.3回$$

在庫回転期間の計算

$$在庫回転期間 = \frac{在庫高}{売上高}$$

$$= \frac{30億円}{100億円}$$

$$= 0.3年（3.6ヶ月）$$

なぜなぜ26

一緒に在庫回転数を計算してみませんか?

在庫回転数の実際の計算イメージを掴む

◆実際に在庫回転数を計算してみましょう。仮に売上高100億円、在庫高30億円なら在庫回転数は100億円÷30億円＝3・3回転と求まります。これは在庫が概ね1年間で3・3回入れ替わっていることを意味します。でも、何回転なら理想なのかという目安がないため、この指標は独り歩きしがちでした。同業他社や自社の過去の実績との比較で良／否が判断されることが多いのですが、2回転→4回転→8回転…という風に無限に回転数を高めていかなければなりません。結果として行きつく先がゼロ在庫なのだとすれば、

それは全く無意味な目標です

◆そこで在庫回転数だけに頼りきらず、在庫金利を計算してサプライチェーンのコストに直接組み込めば、在庫を増やすことのデメリットとメリット**(メリットもあるのです!)**を総合的に判断できます。結果的に、会社の事業活動の

付加価値を最大化していくことだってできるのです。

ポイントBOX

在庫回転数は独り歩きしがちなので、在庫金利の管理を併用しましょう

在庫回転数・計算の実際

	A	B	C	D	E
1					
2	P/L				
3	売上高		100 億円		
4	材料費	70 億円			
5	変動労務費	5 億円			
6	外注加工費	8 億円			
7	外注物流費	6 億円			
8	在庫金利	1 億円			
9	コスト合計	90 億円	90 億円		
10	付加価値		10 億円		
11					
12					
13	B/S				
14	材料	4 億円			
15	仕掛品	2 億円			
16	製品	4 億円			
17	売上債権	13 億円			
18	現金預金	7 億円			
19	在庫合計	30 億円			
20					
21					
22					

在庫回転数
100 億円÷30 億円
=3.3 回転

なぜなぜ 27

今まで財務指標を怖がっていませんでしたか？

流動比率、当座比率、自己資本、在庫回転数など

◆カイゼンは会社の事業を強化していくための活動です。そして事業が強化されているかどうかは、最終的には財務指標で判断されますから、カイゼンは財務指標を改善するための活動だとも言えるでしょう。即ち

財務指標と繋がらないカイゼンをやっても意味がないのです！

財務指標といっても決して難しいものではありません。ここでは以下の4つの基本的な財務指標についてマスターすることにしましょう。

◆B／Sを横に見る指標

①**流動比率**　…150%～200%を超えなさいと言われる

②**当座比率**　…100%を超えなさいと言われる

◆B／Sを縦に見る指標

③**自己資本比率**　…50%を超えなさいと言われる

◆P／Lの売上高とB／Sの関係

④**在庫回転数**　…高ければ高いほど良いと言われる

ポイントBOX **会計指標で表現できないカイゼンは、カイゼンごっこと言うべきです**

財務指標の計算

P/L

売上高	100
ー材料費	70
ー変動労務費	5
ー外注加工費	8
ー外注物流費	6
ー在庫金利	1
＝付加価値	10
ー固定労務費	3
ー設備投資	3
ー資本コスト	3
＝キャッシュフロー	1

B/S

資金の運用		資金の調達	
流動資産		流動負債	20
材料	4		
仕掛品	2		
製品	4		
当座資産	20	固定負債	20
合計	30		
固定資産	50	純資産	
		資本金	20
		内部留保	20
		合計	40

---

①
$$\text{流動比率}=\frac{\text{流動資産}}{\text{流動負債}}=\frac{30\text{億円}}{20\text{億円}}=150\%$$

②
$$\text{当座比率}=\frac{\text{当座資産}}{\text{流動負債}}=\frac{20\text{億円}}{20\text{億円}}=100\%$$

③
$$\text{自己資本比率}=\frac{\text{純資産}}{\text{負債}+\text{純資産}}=\frac{40\text{億円}}{20+20+40\text{億円}}=50\%$$

④
$$\text{在庫回転数}=\frac{\text{売上高}}{\text{在庫高}}=\frac{100\text{億円}}{10\text{億円}}=10\text{回転}$$

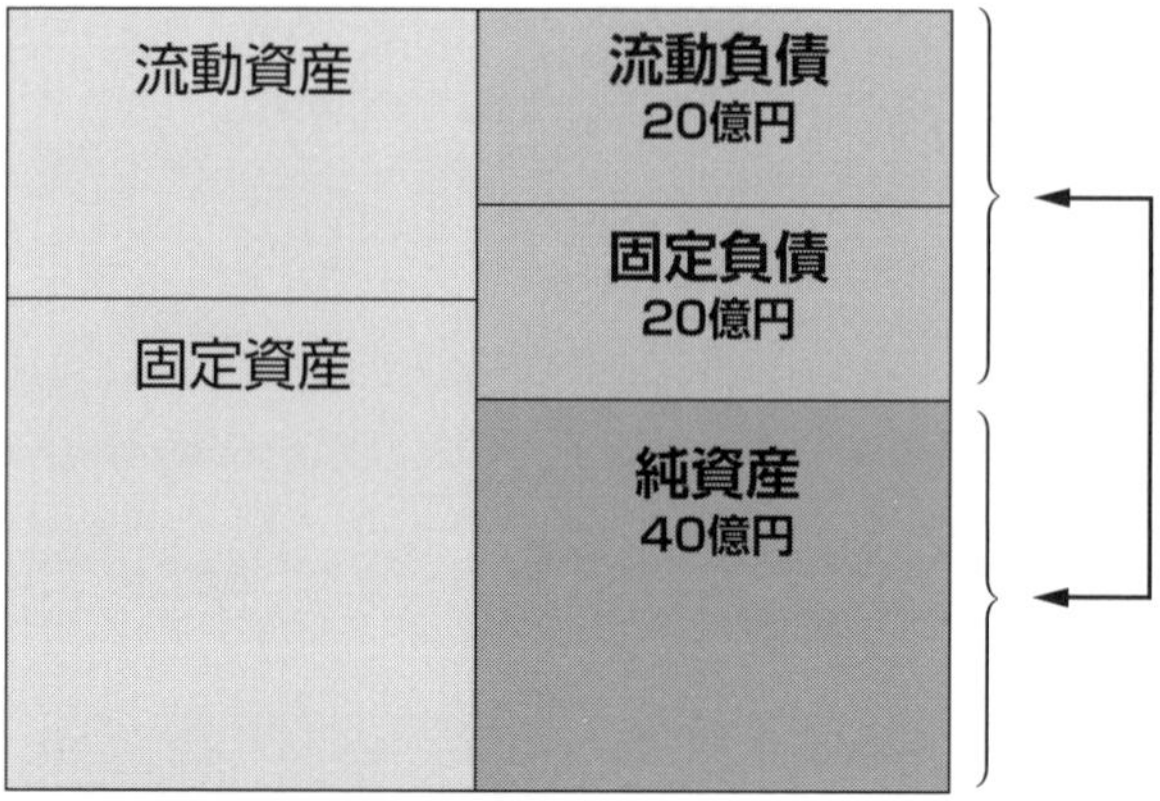

自己資本比率の視点
負債と自己資本（純資産）のどちらが多い？

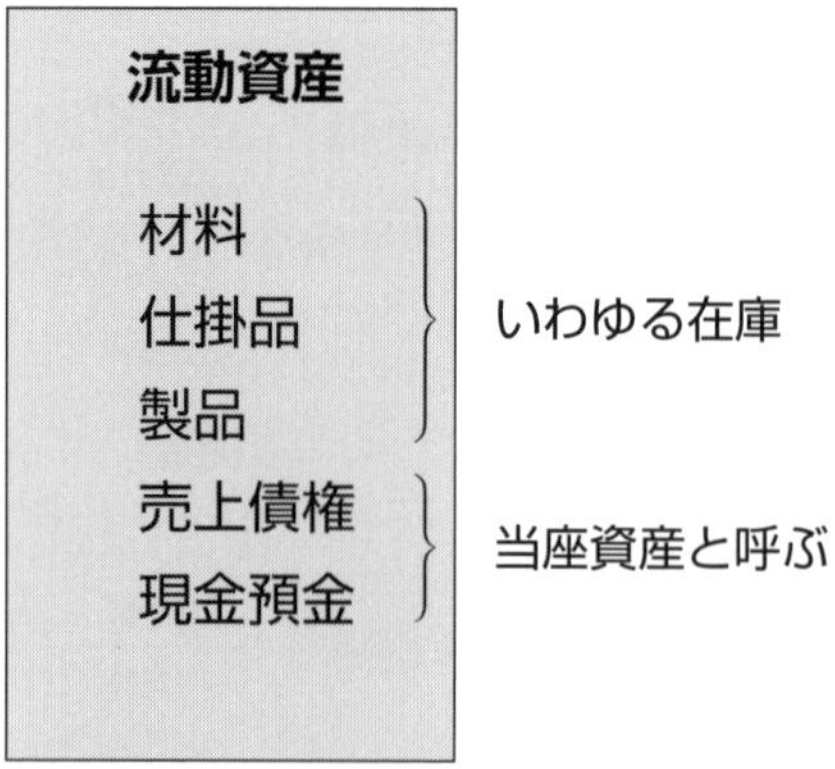

財務会計の視点
売上債権と現金預金を「在庫」から切り離している

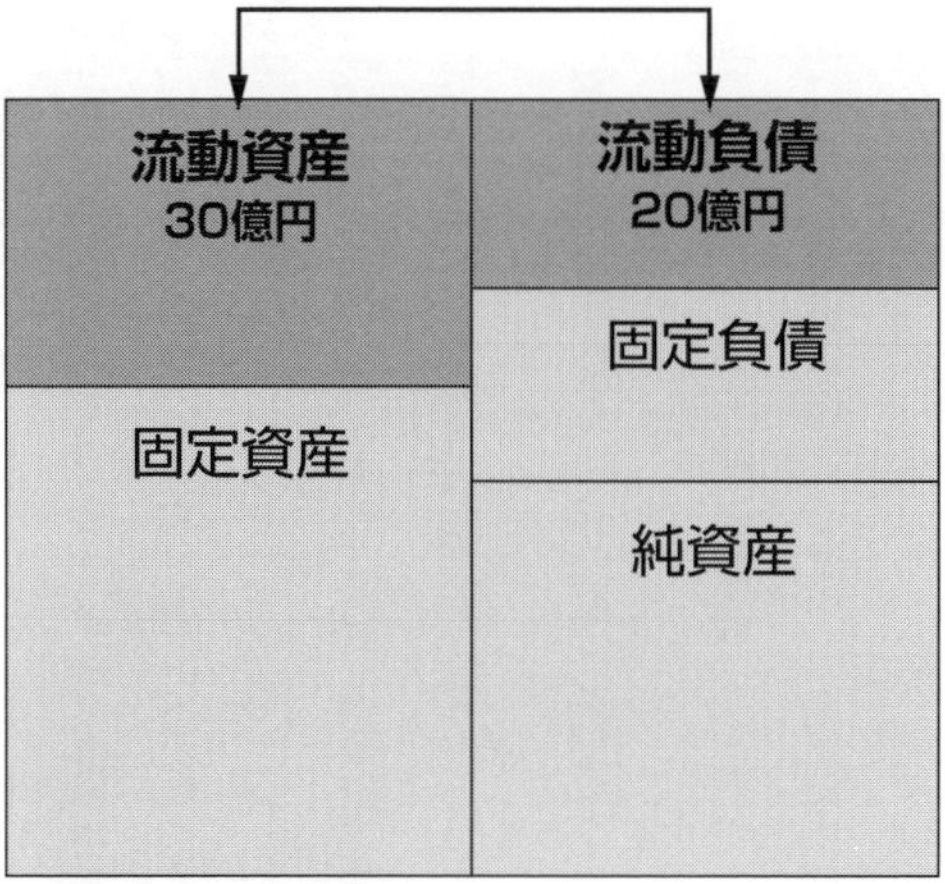

流動比率の視点
流動資産と流動負債のどちらが多いか？

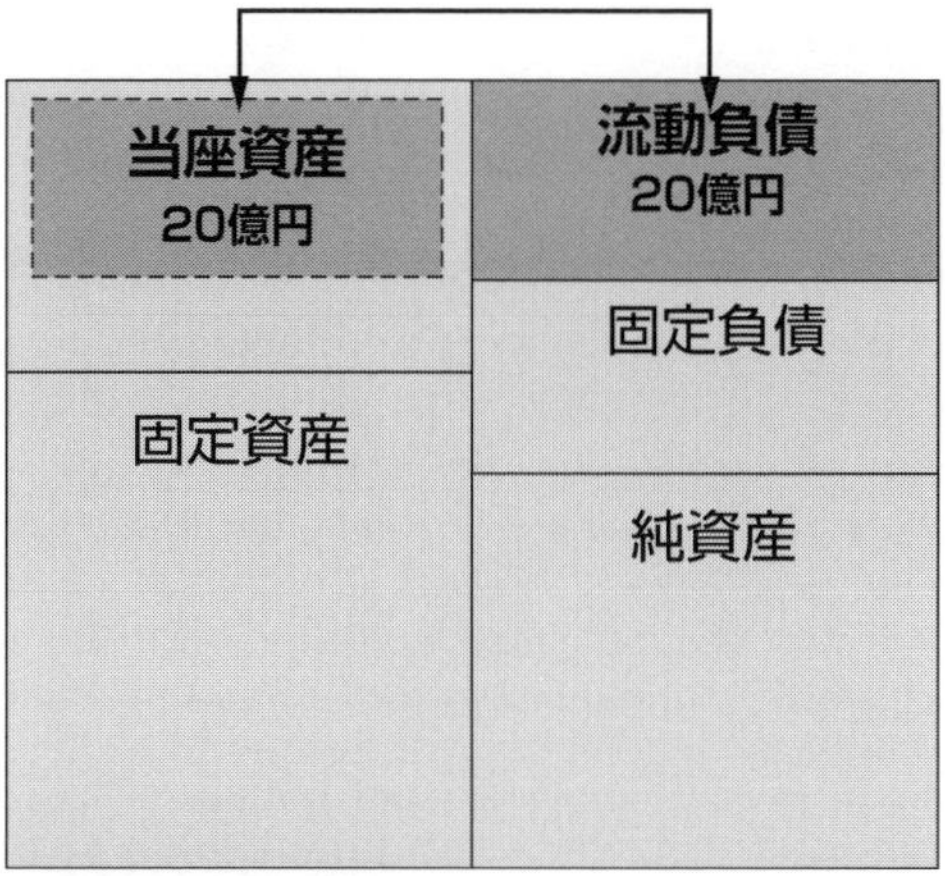

当座比率の視点
当座資産と流動負債のどちらが多いか？

なぜなぜ

28

財務指標のため、お金を寝かしてるの知ってますか？

生産技術者の皆さんは、真実を知らされていなかった

◆「在庫を寝かしてはいけない、何故なら在庫を寝かすことはお金を寝かすことだから…」そう説明されてきたカイゼン関係者が多いと思います。そこで、ここに示したのはお金を寝かしていないピカピカの会社のB／Sです。流動比率100％（本当は150％を超えるべきだと言われる）、当座比率50％（本当は100％を超えるべきだと言われる）、自己資本比率43％（本当は50％を超えるべきだと言われる）となっており、財務的には「不健全な会社」と判定されるでしょう。なんとその理由は

お金を寝かしていないからです！

◆指標を改善する方法は単純で、もっとお金を、特に当座資産（売上債権＋現金預金）を多額に寝かせばよいのです。しかし…それなら現場で在庫削減に汗を流してきた皆さんは抗議しなければなりません。そして疑問を感じなければなりません。

「在庫削減って、何のための活動だったのですか？」

「在庫って、本当に削減すべきものなのですか？」と。

ポイントBOX **古い財務指標は、お金を多額に寝かすことを要求しています！**

お金を寝かさないと、財務指標は悪くなる？

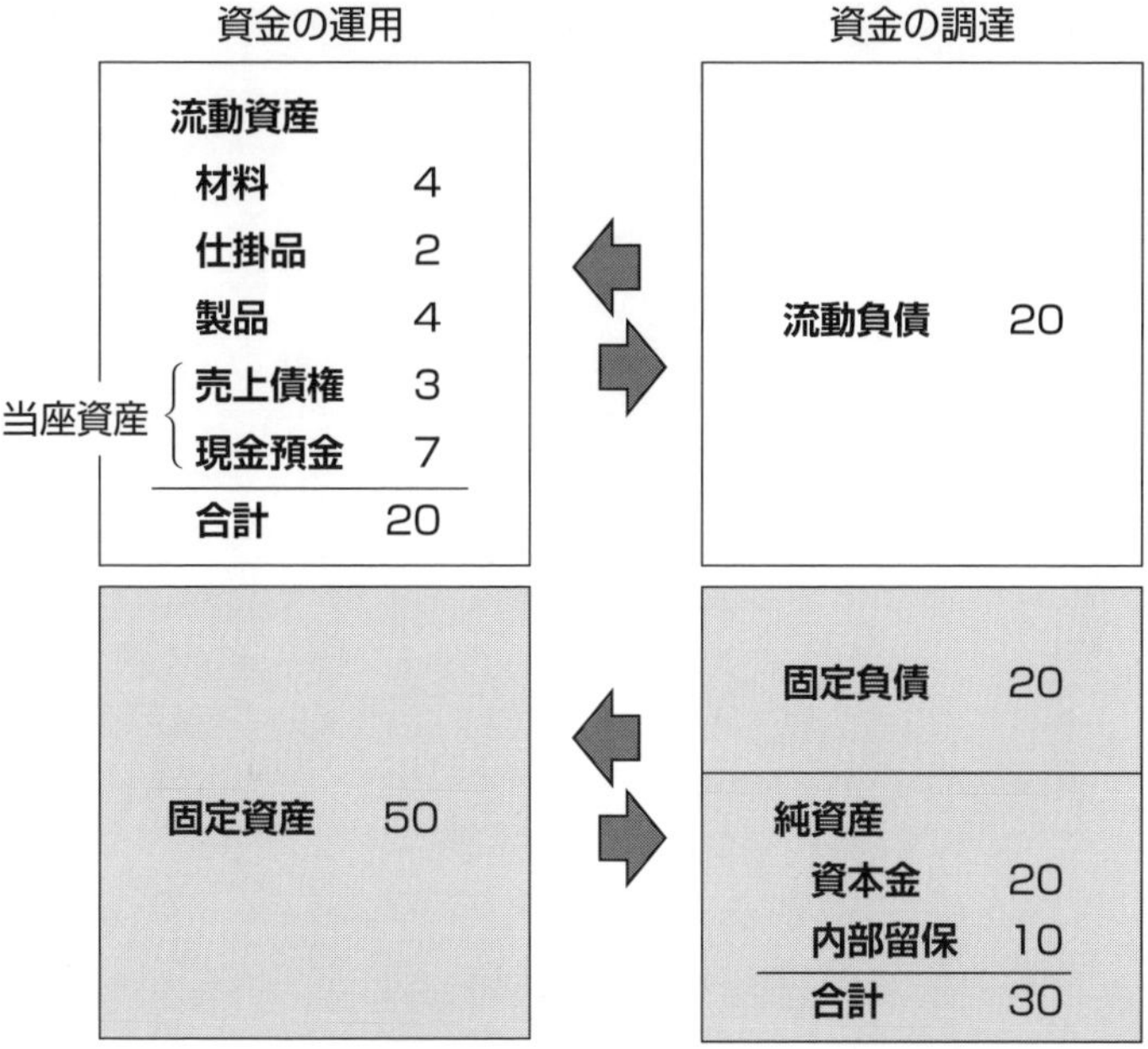

$$\text{流動比率} = \frac{20}{20} = 100\%$$

BAD！（100% に×印）

$$\text{当座比率} = \frac{10}{20} = 50\%$$

BAD！（50% に×印）

$$\text{自己資本比率} = \frac{30}{20+20+30} = 43\%$$

BAD！（43% に×印）

$$\text{在庫回転数} = \frac{100}{10} = 10\text{回転}$$

なぜなぜ 29

無関心がどんなムダに繋がるかわかりましたか？

寝かすべき？／寝かさぬべき？　それが大問題

◆ここに示すのは、お金（当座資産）をたっぷり寝かしている会社のB／Sです。流動比率150％（150％を超えるべきと言われる）、当座比率100％（100％を超えるべきと言われる）、自己資本比率50％（50％を超えるべきと言われる）となっており、財務的には「健全な会社」と判定されるでしょう。この事例からも読み取れますが、従来の財務指標の「見かけ」を良くするために、いくつかのトリックが行われてきました。

✔ **当座資産**（売上債権と現金預金）はたっぷり寝かす

✔ ただし、当座資産は在庫回転数の**計算に含めない**

✔ 一方で、事業に必要な在庫（**材料、仕掛品、製品**）は厳しく絞る

◆財務指標の矛盾の中で、私達はどうやって在庫削減やカイゼンを進めていけばよいでしょうか？　実は、事業の付加価値率を高めれば自然と指標は改善されていくのです！

ですから常にB／SやP／Lの変化に注意を払い価値あるビジネスを創出していかなければなりません。それが正しい行動です。

ポイントBOX **事業活動の付加価値を真に高めれば、財務指標は自ずと改善されます**

お金を寝かすほど財務指標は良くなるという矛盾

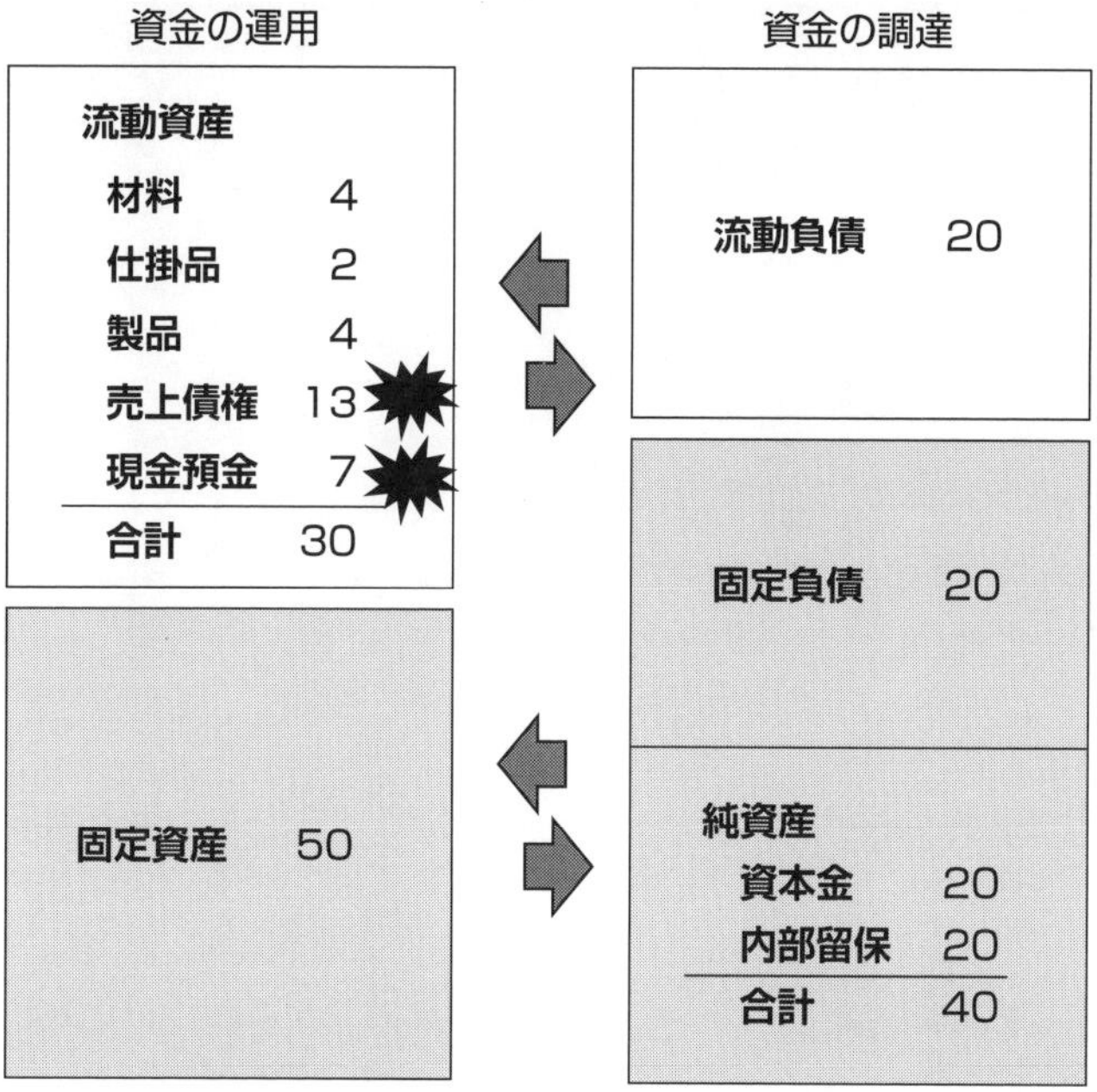

$$流動比率 = \frac{30}{20} = 150\%$$ GOOD !

$$当座比率 = \frac{13+7}{20} = 100\%$$ GOOD !

$$自己資本比率 = \frac{40}{20+20+40} = 50\%$$ GOOD !

$$在庫回転数 = \frac{100}{10} = 10回転$$

なぜなぜ 30

戦場は工場の中だけじゃないとわかりましたか？

サプライチェーン全体を革新しなければ全員が失業

◆従来の生産技術者の活動は工場内に限定されていました。カイゼンも工場労務費に関わるものが殆どで、材料調達についてはジャストインタイム一点張り、外注加工費についても下請けを叩くばかり、外注物流費や在庫金利に至ってはコストとすら認識されず、積極的な取り組みが行われてこなかったのです。これが**「工場外無関心のムダ」**です。

◆近年、技術のコモディティ化が世界で進み、工場内の取り組みだけでは製品やサービスの差別化ができなくなりました。新たな勝負所は、

①材料の**調達戦略**

②超短納期の実現に寄与する**配送戦略**

③お客様の注文の利便性／支払いの利便性を高める**金利戦略**

などです。そしてこれらに取り組むスキルを持つのは生産技術者なのです！　ですから、これからは古いカイゼンに安住することなく、サプライチェーン全体の革新を目指して

新たな挑戦をしていきましょう！

ポイントBOX　**サプライチェーンの革新のために、新しい会計指標も工夫しましょう**

生産技術者がやらなければ、誰がやるのか？

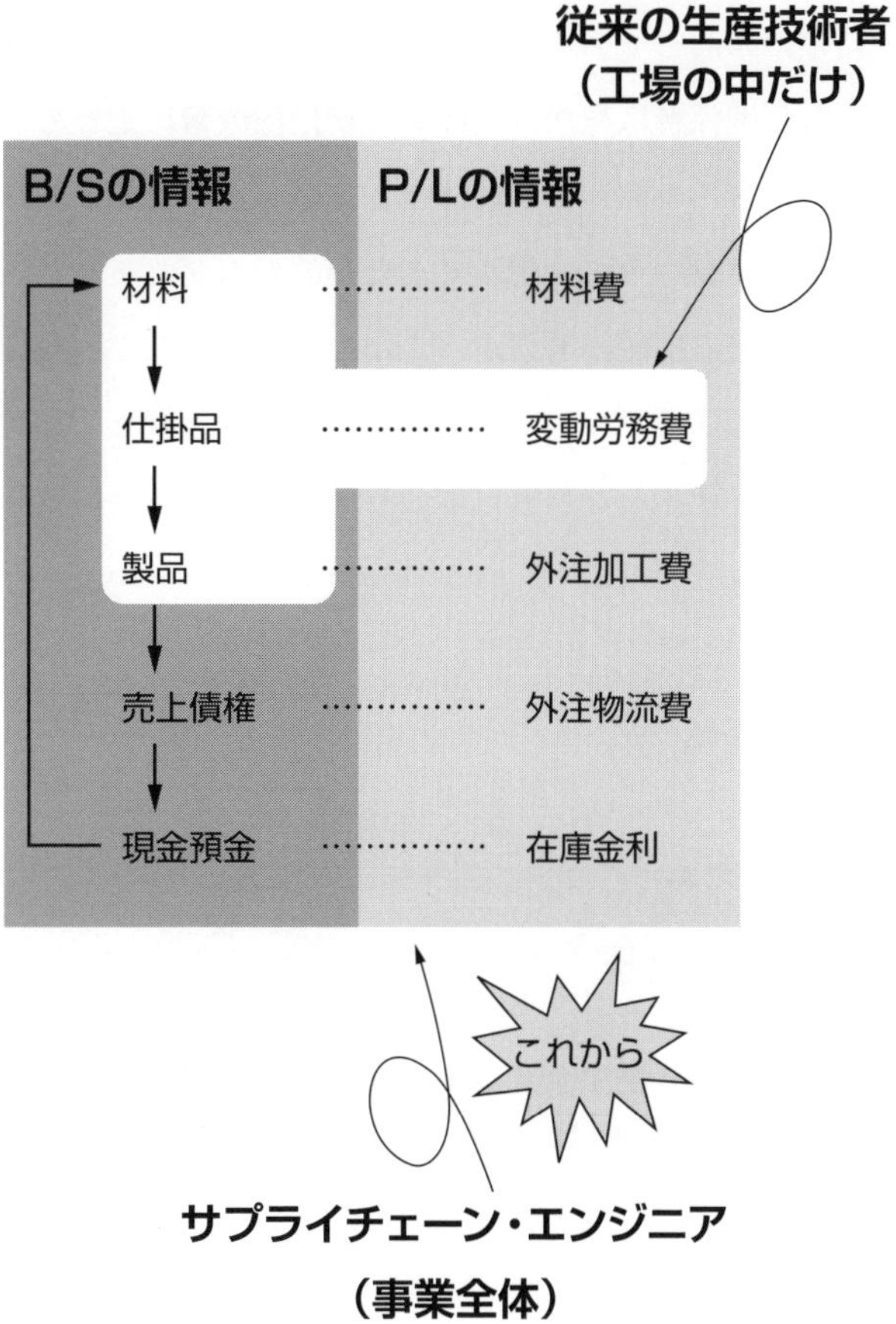

今やるべきこと…

「生産革新」ではなく「サプライチェーン全体の革新」

<工場外無関心のムダ　～　悲劇を終わらせる！>

在庫を減らすべき理由として「お金が寝て困る」という説明が一般的です。その一方で古い財務指標は「多額にお金を寝かすこと」を要求しています。相互の活動目標が矛盾しているが故に、カイゼン関係者は見かけだけの在庫削減を行い、財務関係者は見かけだけの財務指標改善に走ってきたのでした。その結果として、多くの製造業が弱体化していったのです。これは、全ての関係者が連携せずバラバラに活動してきたが故のムダだったと言えます。極めて勤勉な国民である私達の努力が、こんな形で報われないなら本当に悲劇です。でも全ての関係者が今までの活動の在り方を見直し、共通の目標に向かって力を合わせて頑張るなら、日本のモノづくりも会社の業績も、力強く回復に向かうと私は確信します。ガンバレ日本！

新しい会計

売上高
－材料費　・・・①ゼロ在庫のムダ
－変動労務費　・・・②ムダ取りのムダ
－外注加工費　・・・③共倒れのムダ
－外注物流費　・・・④場当たり配送のムダ
－在庫金利　・・・⑤工場外無関心のムダ ★
＝付加価値
－固定労務費　・・・⑥身分分断のムダ
－設備投資　・・・⑦会計不毛のムダ
－資本コスト　・・・⑧株主不在のムダ
＝キャッシュフロー

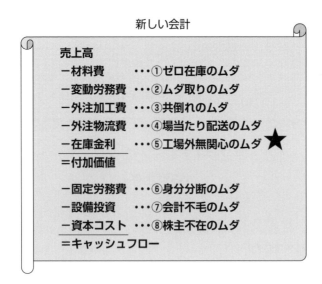

コラム③

内部留保の何が悪い？

時々、「会社の内部留保が多すぎるのではないか？」という問題が提起されていますが、そこには３つの誤解があるようです。

誤解１：内部留保が多い＝お金が寝ている…いいえ！

内部留保は、会社がお金をどうやって調達してきたかを示すだけのものですから、実際にお金が寝ているか否かとは全く関係がありません。お金が寝ているかどかを見るなら、流動比率を見る必要があります。

誤解２：内部留保が多い＝株主を軽視している…いいえ！

配当されても／されなくても、内部留保は株主のものです。配当されていなくても株価上昇を通じて株主に還元されていくのです。

誤解３：内部留保が多い＝従業員を軽視している…いいえ！

従業員に十分な分配があったかどうかは、会社が稼いだ付加価値が何円で、それがヒト（従業員）・モノ（設備投資）・カネ（銀行）・カネ（株主）にどう分配されていったかを見なければわかりません。株主に分配された付加価値が利益と呼ばれるものであり、その過去の蓄積が内部留保です。

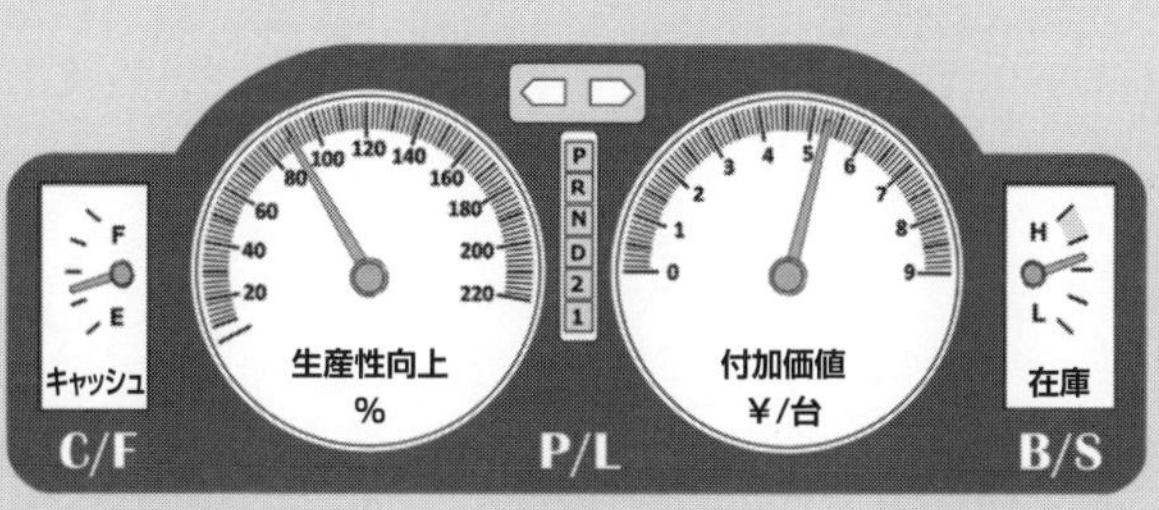

え、在庫が寝ている？

え、内部留保も寝ている？

いえいえ、本当に寝ているのは貴方なのでは！

Ⅳ

ゼロ在庫のムダ

―「ゼロ在庫」ではもう勝てない！―

それが見かけだけ取り繕い、調達戦略や
納期戦略を硬直させる活動なら、ムダです。

厳しい時代を生き抜く力

なぜなぜ 31

棚卸の日だけ、在庫を減らしたりしていませんか？

実態をカイゼンせず、見かけだけを取り繕うのはムダ

◆実地棚卸は在庫を実際に目で見て数える作業です。それを紙と鉛筆で行ったりするのは、財務会計の原型がデザインされた100年前にはそれしか在庫把握の手段がなかったからでした。しかし今日ではパソコンや在庫管理システムが広く普及しています。それでも引き続き古めかしい方法で実地棚卸が行われるのは、在庫の紛失や破損や盗難、データ入力の過誤などを実地で確かめる必要があるからです。

◆いつでも実地棚卸は大仕事です。棚卸の1週間くらい前から生産を止め、材料発注も止め、売れ筋の製品は投げ売りして在庫を減らしたりします。棚卸が終わると今度は急速な生産再開を目指しますが更に1週間くらいは混乱が続くでしょう。その間、売るべき製品の不足で弾切れを起こすこともあります。棚卸を巡る混乱はトータル2週間にも及ぶかもしれません。仮に四半期決算で年4回棚卸をするなら混乱は合計8週間、即ち

年に8週間も、本業に集中できていないことになります

ポイントBOX **多くの会社で、棚卸日だけの在庫削減が行われています**

どちらが本当の経営状態？

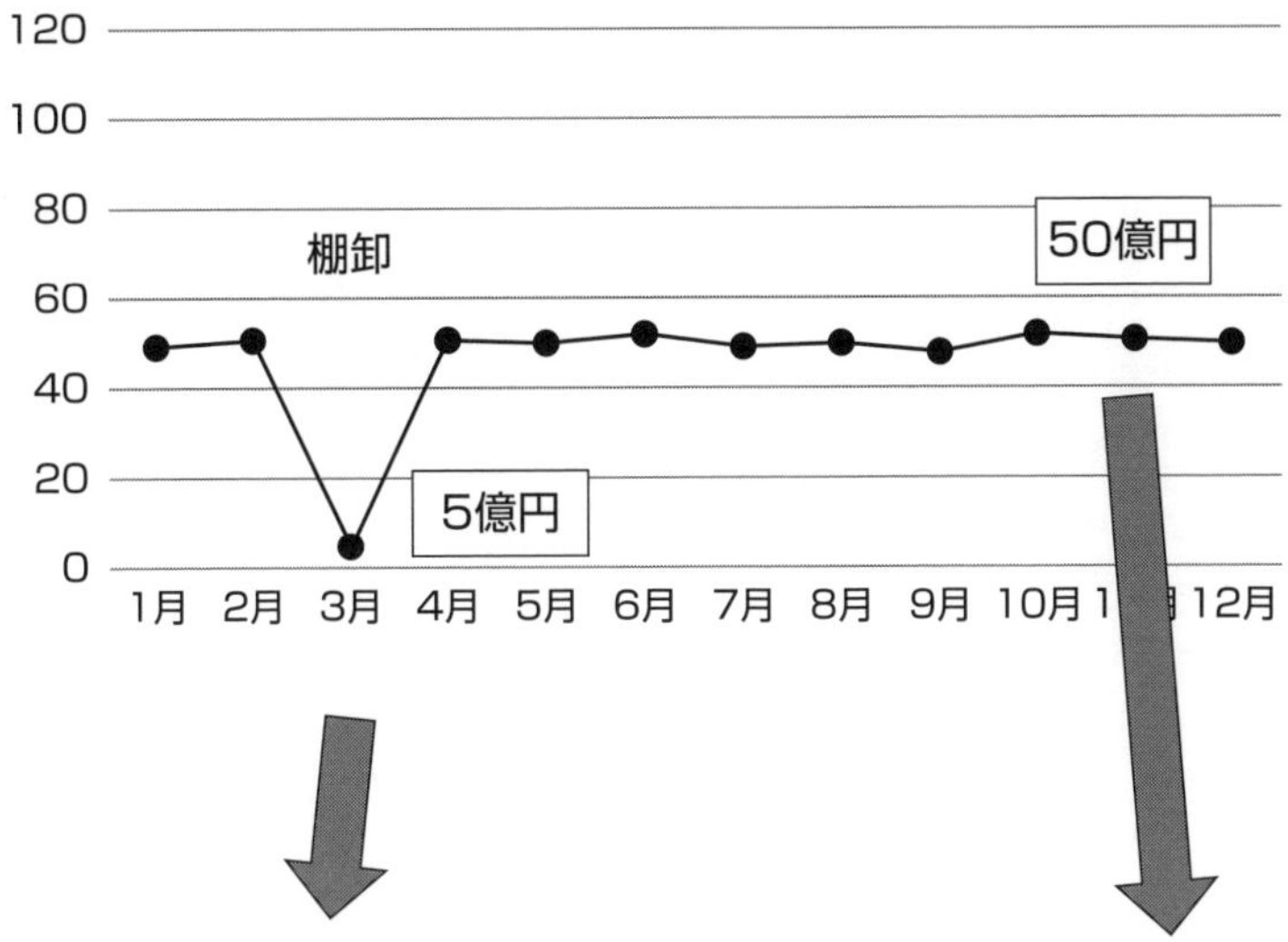

$$\text{在庫回転数} = \frac{\text{売上高}}{\text{期末在庫高}} = \frac{100\text{億円}}{5\text{億円}} = 20\text{回転}$$

GOOD!

$$\text{在庫回転数} = \frac{\text{売上高}}{\text{平均在庫高}} = \frac{100\text{億円}}{50\text{億円}} = 2\text{回転}$$

BAD!

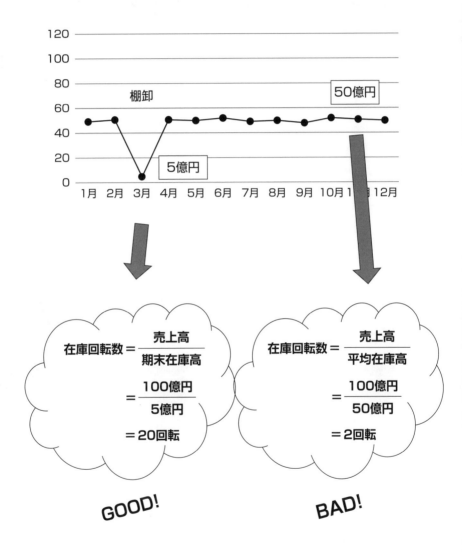

なぜなぜ 32

大事なことなら、なぜ毎日管理しないのですか？

勇気を出して、不正直指数を計算してみよう

◆在庫削減を本当に本気でやるなら、期末日だけではなく年間を通じて削減すべきことは言うまでもありません。大規模な棚卸（実地棚卸）を毎日やるわけにはいきませんが、在庫管理システムから在庫金額を出力するだけの棚卸（電子棚卸）であれば毎日やれますし、実際に毎日やるべきです。在庫回転数の計算に使う在庫高も、期末の実地棚卸のデータではなく、毎日の電子棚卸データの年平均とすべきでしょう。

◆毎日の電子棚卸で求めた平均在庫高が「実際の在庫高」です。これに対して期末の実地棚卸で求めた在庫高は「見かけの在庫高」です。2つの在庫高から**「不正直指数」**を計算してみてください。もしこの指数がゼロでなければ「見かけだけの在庫削減」が行われている証拠です。

見かけだけを取り繕うという行動は、事業活動に生じている問題の「見えぬ化」や会計不正の入口にも繋がる誤った躾（しつけ）であり、とても有害なことなのです。

ポイントBOX

不正直指数がゼロでなければ、在庫回転数の管理は無意味です

しばしば見られる在庫管理の実態

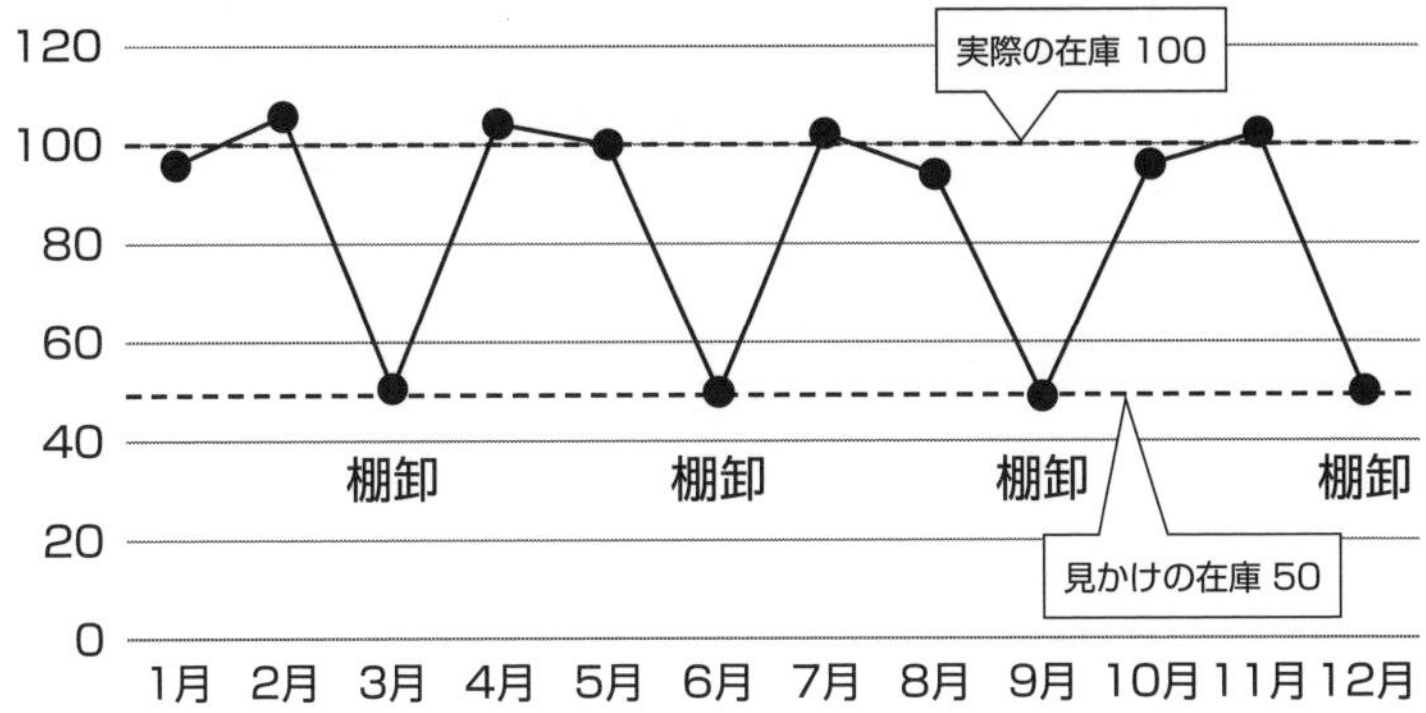

見かけの在庫　50億円

実際の在庫　100億円

$$\text{不正直指数} = \frac{\text{実際}-\text{見かけ}}{\text{実際}}$$

$$= \frac{(100-50)}{(100)} = 50\%$$

なぜなぜ 33

見かけだけのゼロ在庫、もう止めませんか？

本当に在庫管理が大事だと思うなら、毎日やるべき

◆もちろん在庫を無暗に増やして良いわけではありませんが、担当者が理由すら説明できないような在庫削減ならば有害です。不正直指数をゼロにした上で、率直かつ合理的に本来あるべき在庫について話し合ってみて下さい。

議論1：ゼロ在庫が、**材料調達戦略**を硬直化させていないか？
議論2：ゼロ在庫が**販売戦略**の制約になっていないか？
議論3：ゼロ在庫が、社内の**風通しの良い議論**を妨げていないか？
議論4：**期末日だけ減らす**という不健全な行動に繋がっていないか？
議論5：期末日だけの削減が、**平準化生産**に逆行していないか？
議論6：期末日だけの削減が、**翌期の弾切れ**を起こしていないか？
議論7：期末日だけの削減が、**真実を見ないマインド**を生まないか？
議論8：期末日だけの削減が、**会計不正の入口**になっていないか？
議論9：期末日だけの削減では、**お金が寝る**ことの解決になっていません！
議論10：工場在庫だけの削減も、**お金が寝る**ことの解決になっていません！
議論11：不合理な活動の強要が、**人の創造力を破壊**していないか？

ポイントBOX **これが「ゼロ在庫のムダ」です。皆さんの会社は大丈夫ですか？**

本来あるべき在庫管理

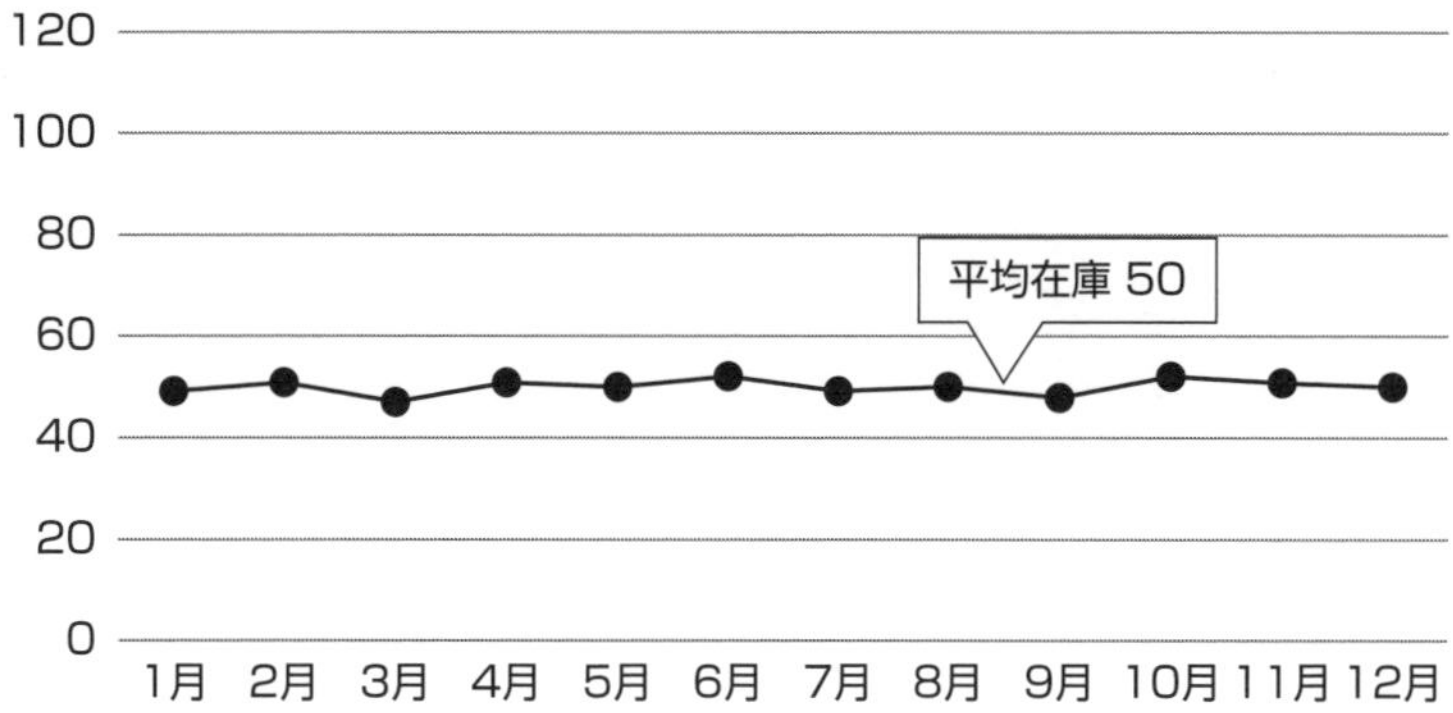

見かけの在庫　50億円

実際の在庫　　50億円

$$不正直指数＝\frac{実際－見かけ}{実際}$$

$$＝\frac{(50-50)}{(50)}＝0\%$$

なぜなぜ 34

そろそろ竹槍カイゼンを卒業しませんか？

日本は方向転換が苦手、でも目標が決まれば凄い！

◆「在庫は悪だ」「在庫を減らせ」と言われながら、その理由を多くの方々がきちんと説明できないという現状は、日本のモノづくりの喜劇であり悲劇です。そして期末日だけ在庫を減らすという行動は、日本のモノづくりを支えてきたカイゼンの精神を破壊し、正しい会計を破壊し、

人の誠意や創意を破壊してきました

◆世界はどんどん変わっています。いつまでも50年前のセオリーに縛られていたら日本は世界の負け犬です。でも、新しい発想で心機一転頑張るなら日本はもっと戦えます。その新しい戦場は、工場の中だけでなくサプライチェーン全体であるべきです。特に**工場の前**（材料調達）と**工場の後**（配送戦略、お金の回収戦略）が

これからの勝負所なのです。

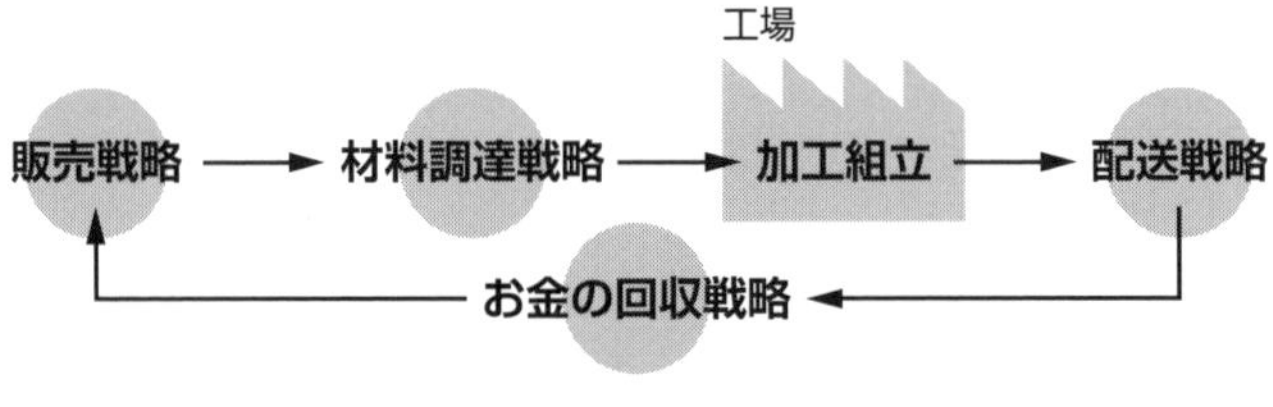

ポイントBOX サプライチェーン全体をカイゼンしましょう。古い発想では戦えません

カイゼンにもカイゼンを！

期末日だけ減らす

不正の入口

理由が説明できない

戦略の硬直

当座資産はほったらかし

年8週間の混乱

なぜなぜ 35

コストの内訳を、ちゃんと見ていますか?

コストの内訳を知らなければコストダウンは失敗する

◆コストダウンを推進している方々ご自身が、自社製品の

コストの内訳を知らないケースが多いので(!)

いつも驚かされます。それでは環境変化に対応した適切なコストダウン戦略を立てられません。コストダウンに取り組む前に、ぜひ自社製品のコストや在庫の状態をしっかり把握してください。もちろんその対象は工場内だけでなくサプライチェーン全体であることは言うまでもありません。

◆20世紀型のコストダウン

✔製造工程は**手作業が多く**、労務費の比率が高かった

✔**カイゼン**による生産性向上が主戦場だった(≒労務費節減)

◆21世紀型のコストダウン

✔製造工程は**標準化・自動化され**、労務費の比率も下がった

✔国際的な**資源争奪**の激化で、材料費が突出した

✔合理的な**資源調達**(エネルギー資源含む)が新たな戦場になってきた

ポイントBOX **コストと在庫の分析をする時には、サプライチェーン全体を見よう!**

21世紀のカイゼンが注意を払うべき2つの内訳

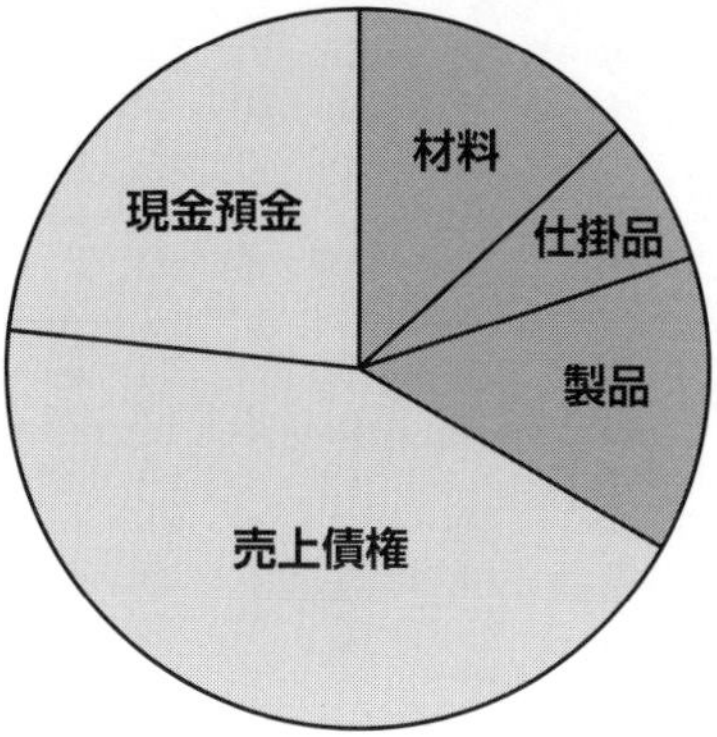

在庫の内訳
(B/S)

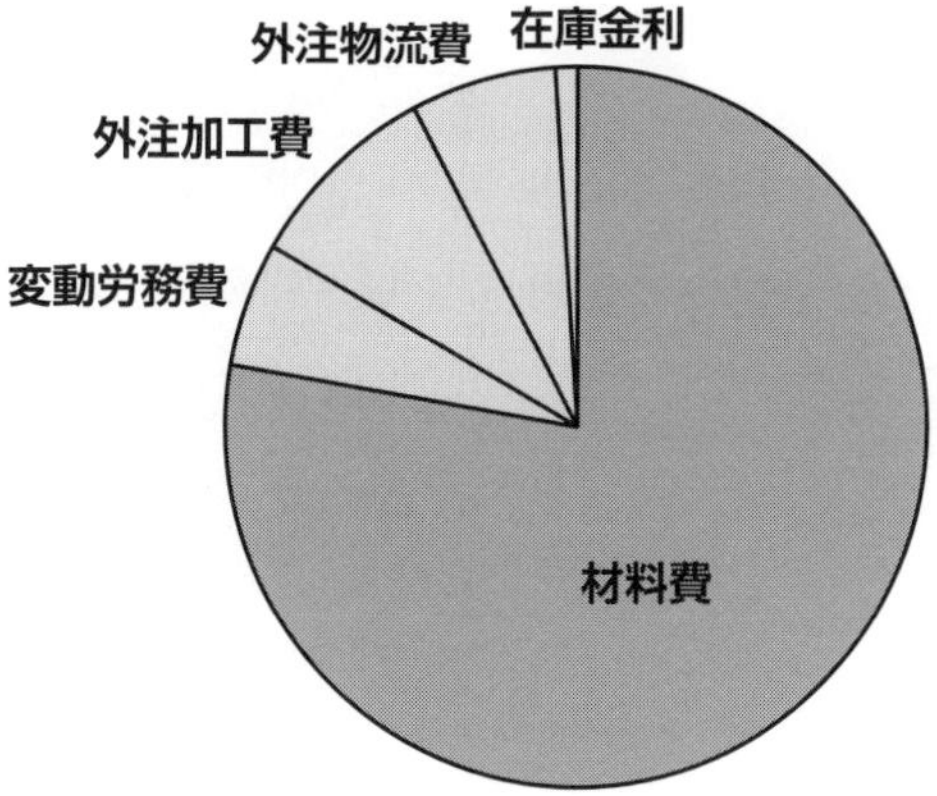

コストの内訳
(P/L)

なぜなぜ 36

材料費のコストダウンにどうやって取り組みますか？

労務費に偏るカイゼンを、新しい戦略にシフトしよう

◆製造業を取り巻くビジネス環境は大きく変わりました。比率が大きくなった材料費のコストダウンを進めるには、工場内で材料をムダにしないカイゼンも重要です。しかしそれ以上に重要になってきたのは材料の調達戦略でしょう。調達戦略といえば以前は専ら比較購買でしたが、近年ではインターネット等で情報が行き渡り、期待効果が小さくなりました。設計上のグレードダウンも行われますが、イノベーションのない

グレードダウンでは価値創出に繋がりません

◆そこで新たなカイゼンが取組むべきことは、

①相場を見極めた**調達戦略**を発動すること

②最も合理的なまとめ買いの方法を、**会計的**に見出すこと

③**超短納期化**の視点をもっと優先すること

④**供給途絶**のリスクを過小評価しないこと

⑤買い溜めた在庫の**廃棄損**を出さない工夫をすること

などになると考えられます。

ポイントBOX　古いセオリーには縛られず、柔軟な発想でコストダウンを進めましょう

材料費のコストダウンにどう取り組むか？

案1：比較購買？

✔情報が行き渡り、期待効果は小さくなった！

案2：グレードダウン？

✔単なるグレードダウンは、競争力に繋がらない！

案3：イノベーション！

✔人材育成が前提（→第Ⅶ章）

案4：柔軟な材料調達戦略！

✔ゼロ在庫に固執しない

✔相場や価格変動を見極める

✔合理的なまとめ買いも検討

✔超短納期化の視点を持つ

✔供給途絶のリスクを過小評価しない

✔在庫の廃棄損を出さない工夫

なぜなぜ 37

それでも、まとめ買いってダメですか？

メリットとデメリットは会計を使ってバランスを判断

◆ジャストインタイム購買によるゼロ在庫を徹底するのか／戦略的なまとめ買いを容認するのか…　精神論ではなく会計的に計算しなければ答えは見つけられません。具体的な数値例で考えてみましょう。

〈メリット／デメリットを見積る数値例〉

✔ まとめ買いをすると**10％の値引き**をするという提案がある
✔ まとめ買いをした材料が、利用されずに**廃棄されるリスクは2％**
✔ まとめ買いで在庫が増えることにより、**在庫金利は2倍になる**
✔ 在庫は社内保管するので、**保管料**には変化はない
✔ 在庫増は納期短縮に繋がり、積極販売で**売価が5％回復できる**

◆これらのメリット／デメリットを踏まえて計算すると、左図の事例では従来10億円だった付加価値が20億円に増えることがわかります。ですからこのケースではまとめ買いはGOです。もちろんまとめ買いが常に有利なわけではありませんので、適切かつ慎重なシミュレーションを行ってください。

ポイントBOX　**まとめ買いの是非は、精神論ではなく会計を使って議論すべきです**

まとめ買いのシミュレーション

	A	B	C		
1					
2			新戦略		
3	売上高	100 億円	105 億円		※ A
4	材料費	−70 億円	−64 億円		※ B
5	変動労務費	−5 億円	−5 億円		
6	外注加工費	−8 億円	−8 億円		
7	外注物流費	−6 億円	−6 億円		
8	在庫金利	−1 億円	−2 億円		※ C
9	付加価値	10 億円	20 億円		
10					
11					
12					

※ A　短納期化が図れることによる売価回復見込み５％
100 億円×105 %＝105 億円

※ B　まとめ買いによる値引き効果 10％　廃棄損のリスク２％
70 億円×90 %×102 %＝64 億円

※ C　まとめ買いによる在庫金利の増加　２倍
1 億円×2＝2 億円

なぜなぜ 38

在庫回転数にメリハリをつけませんか？

5つの在庫の回転数が同じでよいはずがない

◆長年のカイゼンで工場内の加工費が節減される一方、資源の獲得競争などで製造原価に占める割合が大きくなってきている材料費ですが、材料費のコストダウンを進めるにはどうしたらよいでしょう？　ポイントは合理的な在庫戦略を発動し、調達力で他社に負けないことです。

（勝てないまでも、ここで絶対に負けない！）

◆すなわち、5つの在庫の回転数にメリハリを付ける必要があります。

✔ **材料在庫（財子）**は、一定の戦略的なまとめ買いを容認しましょう。それは結果的に供給の安定化や納期短縮にも繋がり、製品やサービスの価値を高めます。

✔ **仕掛在庫（差異子）**は合理的な工程短縮で自然に減らします。

✔ **製品在庫（罪子）**は今まで通りゼロ在庫を徹底します。

✔ **売上債権（見えない在庫）**の適切な回収も進めます。

✔ **現金預金（お金そのもの）**の管理にも十分な注意を払わなければ在庫管理をする意味がありません。

ポイントBOX **材料費を節減するには、ジャストインタイム購買の見直しも必要です**

「お金の塊」という意味での在庫

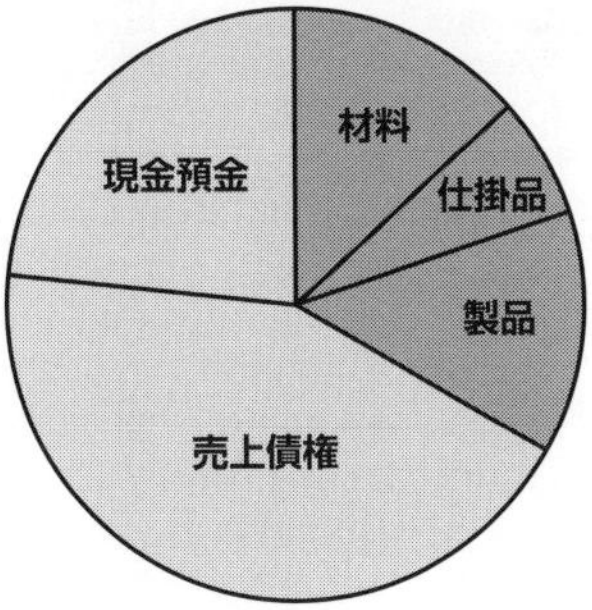

✔工場外にも「在庫」は存在する

✔流動比率を維持するため、工場外の「在庫」は多いのが通例

在庫回転数のメリハリ

材料（財子）　在庫　回転数低（しっかり持つ）

↓

仕掛品（差異子）　在庫　回転数高（工程短縮で減らす）

↓

製品（罪子）　在庫　回転数高（ゼロ在庫を目指す）

↓

売上債権（見えない在庫）　在庫　回転数中（適切に回収）

↓

現金預金（お金そのもの）　在庫　回転数中（適切に管理）

（現金預金 → 材料 へ戻る）

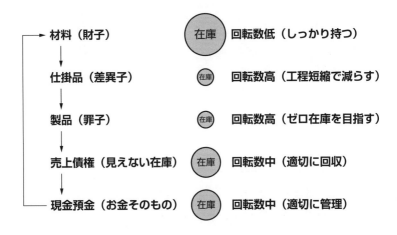

なぜなぜ

39

古い原価計算の弊害を知っていますか？

製造業が「在庫を持つな」と言われてきた本当の理由

◆従来、製造業が「在庫を持つな」と戒められてきた背景には、古い原価計算の弊害がありました。それは工場内で発生する変動費と固定費の合計で原価計算をしていたことによる弊害です。古い原価計算の仕組みでは、製品をたくさん作れば作るほど固定費が薄まり、

製造原価が安くなって見えるのです！

そのため製造業は過剰生産に走り、余剰在庫を積み上げてしまいがちでした。こうした操作によって一時的な利益を捻り出せますが、余剰な在庫は後日廃棄され、原価計算によって繰り延べられた固定費のみならず余剰在庫の材料費までがムダになり、事業に致命的な損失をもたらします。

◆こうした一時しのぎの利益操作を防ぐため「ムダな在庫を持つな」と厳しく戒められてきたというのがゼロ在庫騒動の真相です。しかし原価計算の仕組みを改め、変動費（コスト）だけで計算を行うことにすれば、

利益操作の動機そのものを解消できるのです

ポイントBOX **騒動の原因だった原価計算を変えなければ、問題は解決しません**

たくさん作れば利益が出る？

	A	B	C
1			
2	固定費全体	100 万円	
3			
4	製品の生産台数	100 台	1000 台
5	1 台分の固定費	10000 円	1000 円
6	1 台分の変動費	1800 円	1800 円
7	1 台分の製造原価	11800 円	2800 円
8			
9	1 台分の売価	3000 円	3000 円
10	1 台分の利益	▲ 8800 円	200 円
11	製品の販売台数	100 台	100 台
12	利益	▲ 88 万円	2 万円
13			
14			
15	後日の廃棄台数	0 台	900 台
16	後日の廃棄損	0 円	252 万円
17	トータルの損益	▲ 88 万円	▲ 250 万円

薄まった固定費

一時的な利益

トータルでは大損失

なぜなぜ 40

思い切って、原価計算を変えちゃいませんか?

管理目標が違う変動費と固定費を、絶対に混ぜない

◆従来の古い原価計算では、作れば作るほど固定費が薄まって利益が出て見えるという性質がありました。それが、製造業がムダな在庫を抱える動機になってきたのです。しかし

それは一時しのぎの危険な行動です

さらに固定費の増減に応じて売価を決めるようなことをすると、結果的にお客様に固定費管理の責任を転嫁することにもなります。しかし今日はネットで比較される時代ですから、不合理な売価設定はお客様の信頼の喪失に繋がり、事業は滅んでしまうでしょう(自滅のスパイラル)。こうした問題の根源は古い原価計算にあったわけですから

思い切って、原価計算を変えてしまいましょう!

◆変動費の管理目標は「なるべく使わないこと」、即ちコストダウンです。固定費の管理目標は「なるべく使うこと」、即ち生産性の向上です。それらを混ぜるとコストダウンも生産性向上も失敗します。しかし両者をすっきり分離した原価計算を使えば何の問題も起きないのです。

ポイントBOX 原価計算を変動費だけでするなら、多くの問題が解決に向かいます

古い原価計算

	A	B	C
1	固定費全体	100 万円	
2			
3	製品の生産数	**100 台**	**1000 台**
4	1 台分の固定費	10000 円	1000 円
5	1 台分の変動費	1800 円	1800 円
6	1 台分の製造原価	11800 円	2800 円
7			
8	1 台分の売価	3000 円	3000 円
9	1 台分の利益	▲ 8800 円	200 円

古い原価計算（4～6行）

赤字になった

利益が出た

新しい原価計算

	A	B	C
1			
2	製品の生産数	**100 台**	**1000 台**
3	1 台分の固定費	＼	＼
4	1 台分の変動費	1800 円	1800 円
5	1 台分の製造原価	1800 円	1800 円
6			
7	1 台分の売価	3000 円	3000 円
8	1 台分の利益	1200 円	1200 円

新しい原価計算（3～5行）

変わらない

変わらない

＜ゼロ在庫のムダ　～　出口を見つける！＞

ゼロ在庫の矛盾は今日のカイゼン活動の行き詰まりを象徴しています。「在庫は悪だ！」と恫喝し社内の闊達な議論を潰しておきながら、その一方で期末日だけ在庫を減らすという不健全な活動は、関係者の創意を破壊し、会計不正や検査不正への入口にもなっていきます。そして在庫戦略の硬直化は、材料調達戦略や納期短縮戦略の硬直化にも繋がって、製造業を行き場のない袋小路に追い詰めているのです。改めて在庫をどう持つべきか／持つべきでないかを社内で率直に話し合ってみてはいかがでしょう？　その結果として「やっぱりゼロ在庫だ」と本当に本気で決めるなら、それは毎日徹底されるべきです。もちろん期末日だけじゃなく！　手詰まり感の強い昨今ですが、やれることって、実はたくさんあると思いませんか？

新しい会計

売上高
－材料費　・・・①ゼロ在庫のムダ ★
－変動労務費　・・・②ムダ取りのムダ
－外注加工費　・・・③共倒れのムダ
－外注物流費　・・・④場当たり配送のムダ
－在庫金利　・・・⑤工場外無関心のムダ
＝付加価値

－固定労務費　・・・⑥身分分断のムダ
－設備投資　・・・⑦会計不毛のムダ
－資本コスト　・・・⑧株主不在のムダ
＝キャッシュフロー

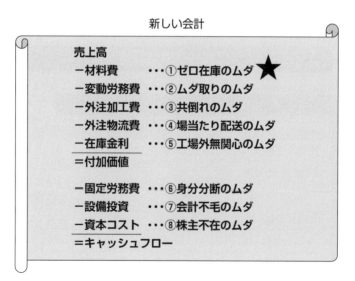

コラム④

究極の 5S とは？

かつて世界の模範工場だと言われていた立派な工場がありました。隅々まで 5S（整理・整頓・清潔・清掃・躾）が行き届き、工具は整然と並べられ、ゴミひとつ落ちていません。

「素晴らしい工場でしょう！」

そのピカピカの工場を回っていて、ある掲示物が気になりました。いわく、

究極の 5S に挑戦しよう！

「え、もっと凄い 5S があるんですか？　究極の 5Sってなんですか？」

「まあそれは…　そういう気持ちで 5S をやるってことです」

説明は歯切れの悪いものでした。何か気まずい雰囲気が漂いました。

実はこの工場は、世界での存在感の低下に悩んでいました。中国やインドやアメリカの工場が急速に品質を改善し、新しい製品やサービスまで創り出して売り上げを伸ばす一方、日本の工場にはめぼしいイノベーションがなかったのです。さて、その原因は究極の 5S ができていなかったからなのでしょうか？　まさか、5S のやりすぎが原因だなんてことは…

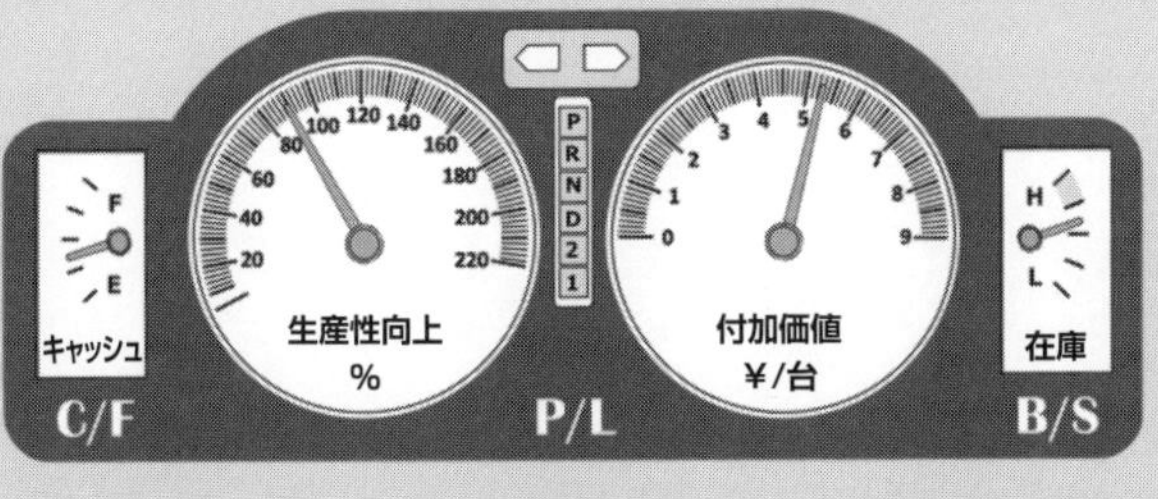

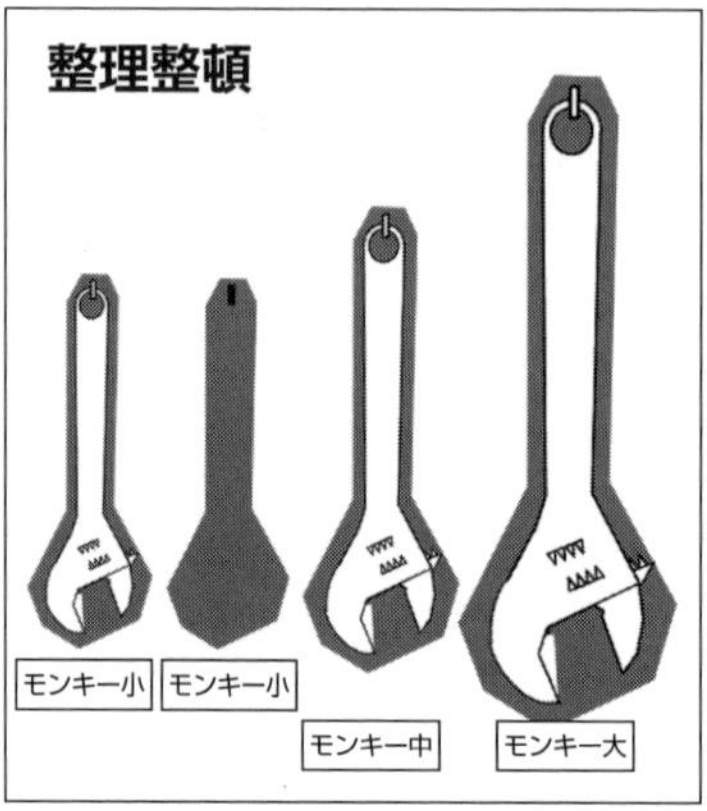

それって、目的ですか？

手段ですか？

もし手段なら、目的は何ですか？

V

ムダ取りのムダ
共倒れのムダ

―そろそろ仕事のやり方変えませんか？―

意義を失った古い活動に埋没すればムダ

下請に押し付け、自分自身が怠ればムダ

なぜなぜ 41

そもそもコストって、何ですか？

コストダウンを始める前に、よく考えておくべきこと

◆コストダウンの必要性が叫ばれます。しかし…　ここで言う

コストとは、そもそも何なのでしょう？

例えばコストと費用はどう違うのでしょうか？　費用は一般に変動費と固定費に分類されます。では変動費／固定費とは何なのか？　あまりにも当然過ぎることかもしれませんが改めて整理しておくと、生産販売数の増減に比例して増減する費用が「変動費」です。つまり、サプライチェーンを回せば回すほど発生する費用が変動費ということになります。

◆これに対して生産販売数の増減に比例して増減しない費用は「固定費」です。「固定費」とはいっても金額が永遠に固定されているわけではありませんが、説明の便宜上、ここでは金額が一定で動かないとしておきましょう。言い換えると、サプライチェーンを回しても回さなくても発生する費用が固定費です。そしてこの本では、固定費をコストと呼ばず、

変動費のことだけをコストだと説明しています

ポイントBOX
サプライチェーンを回せば回すほど発生する変動費がコストです

変動費こそがコスト

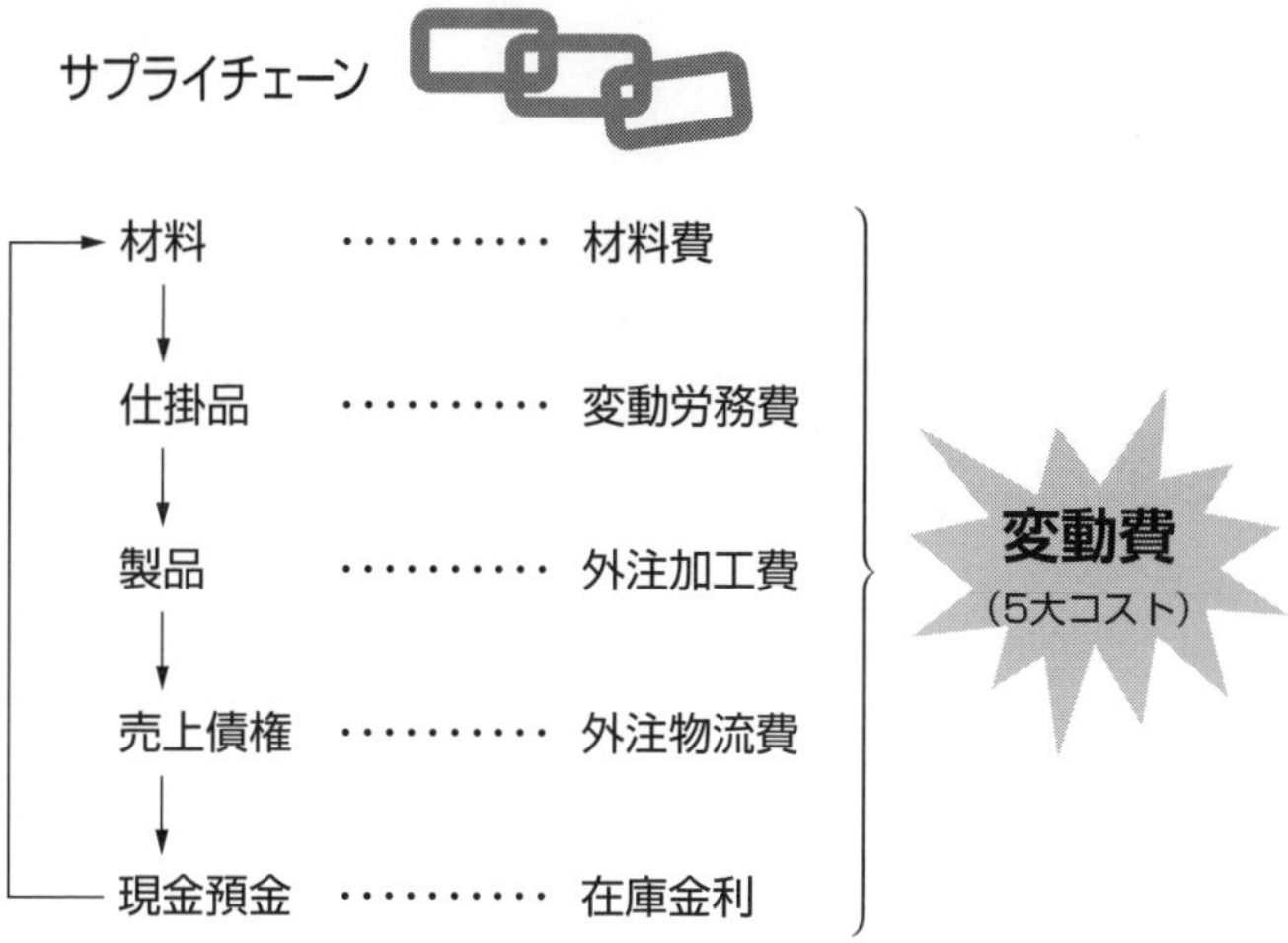
サプライチェーン
材料 ………… 材料費
仕掛品 ………… 変動労務費
製品 ………… 外注加工費
売上債権 ………… 外注物流費
現金預金 ………… 在庫金利
変動費
（5大コスト）

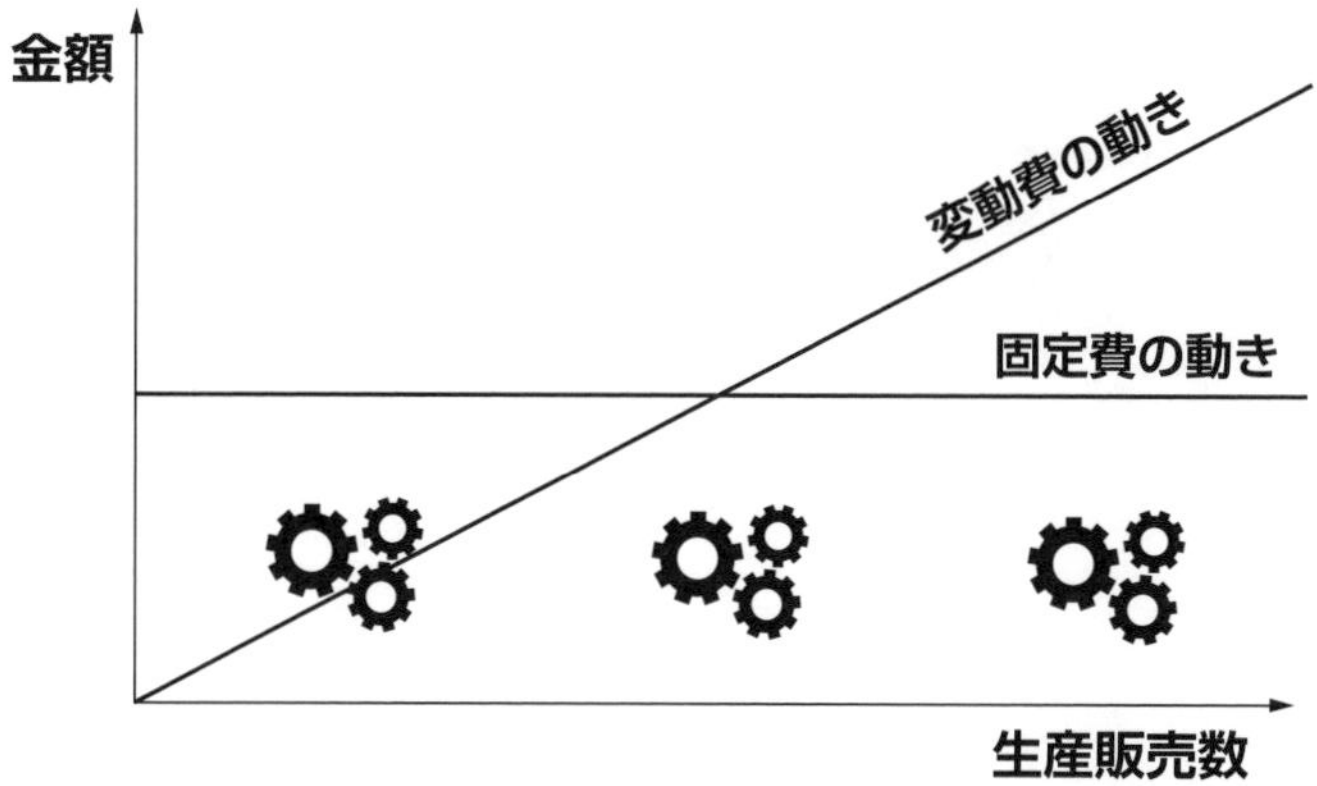
金額
変動費の動き
固定費の動き
生産販売数

なぜなぜ42

変動費がコストなら、固定費は何ですか？

コストと資源を分けるのは、管理目標が全く違うから

◆前回、変動費がコストだと説明しました。それでは固定費は何なのでしょう？　実は、固定費はコストではなく資源です！　改めて資源とコストの違いを説明しておきましょう。変動費とはサプライチェーンを回せば回すほど発生する費用でした。ではなぜサプライチェーンを回せば回すほど発生するかと言えば、そのたびに外部から取り込まれるからです。すなわち、変動費こそが会社の外部に存在し、事業活動の都度、

外部から取り込まれるコストです

◆その一方でサプライチェーンを回しても回さなくても発生する固定費は、最初から会社内部に存在する資源（経営資源）です。少し言い方を変えると、社内に存在するヒト（社員）、モノ（設備）、カネ（資金）といった経営資源を支えている費用が固定費です。この事実をもって固定費は資源であると説明しています。そしてコストと資源の区別が重要なのは、

それぞれの管理目標が全く違うからです

ポイントBOX

固定費の本質は、社内に存在し事業活動を支える経営資源です！

変動費 vs 固定費

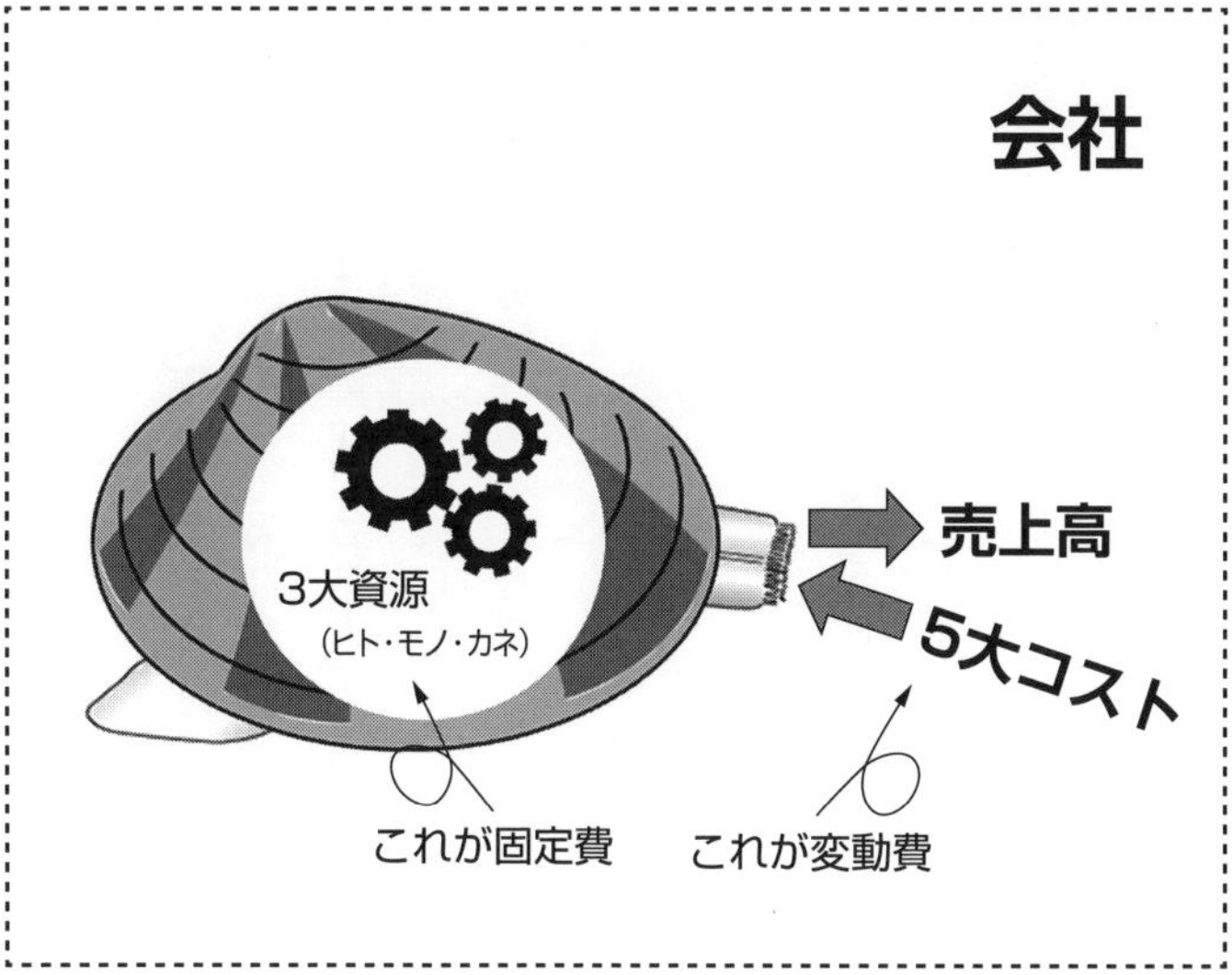

変動費・・・会社の外にあるコスト

固定費・・・会社の中にある資源

なぜなぜ 43

コストと資源の管理目標の違いがわかりますか？

コストはコストダウンを、資源は生産性向上を目指す

◆コストと資源の区別はとても重要です。なぜならそれぞれの管理目標が全く違うからです。**変動費はコスト**でした。言うまでもなくコストの管理目標はコストダウンであり、なるべく使わないようにすることです。コストダウンをするためにはコストの内訳を見える化し、それぞれの金額の節減目標を明確にした上で、その目標が達成されているかどうかを確かめます。この確認は毎日行わなければなりません。そうしなければ異常があっても手遅れになり、原因もわからなくなってしまうからです。

◆これに対し**固定費は資源**でした。資源の管理目標はしっかり使うことであり、生産性の向上です。生産性を見える化した上で、生産性が確実に向上しているかどうかを確かめます。資源はコストではありませんからコストダウンの対象でもありません。その代わりに資源は常に生産性を問われ続ける存在です。どうしても生産性が向上しなければ**処分されてしまうこともあるという厳しさも背負っています**

ポイント BOX

固定費は常に生産性を問われますが、支援して育てる視点も大切です

管理目標の違い

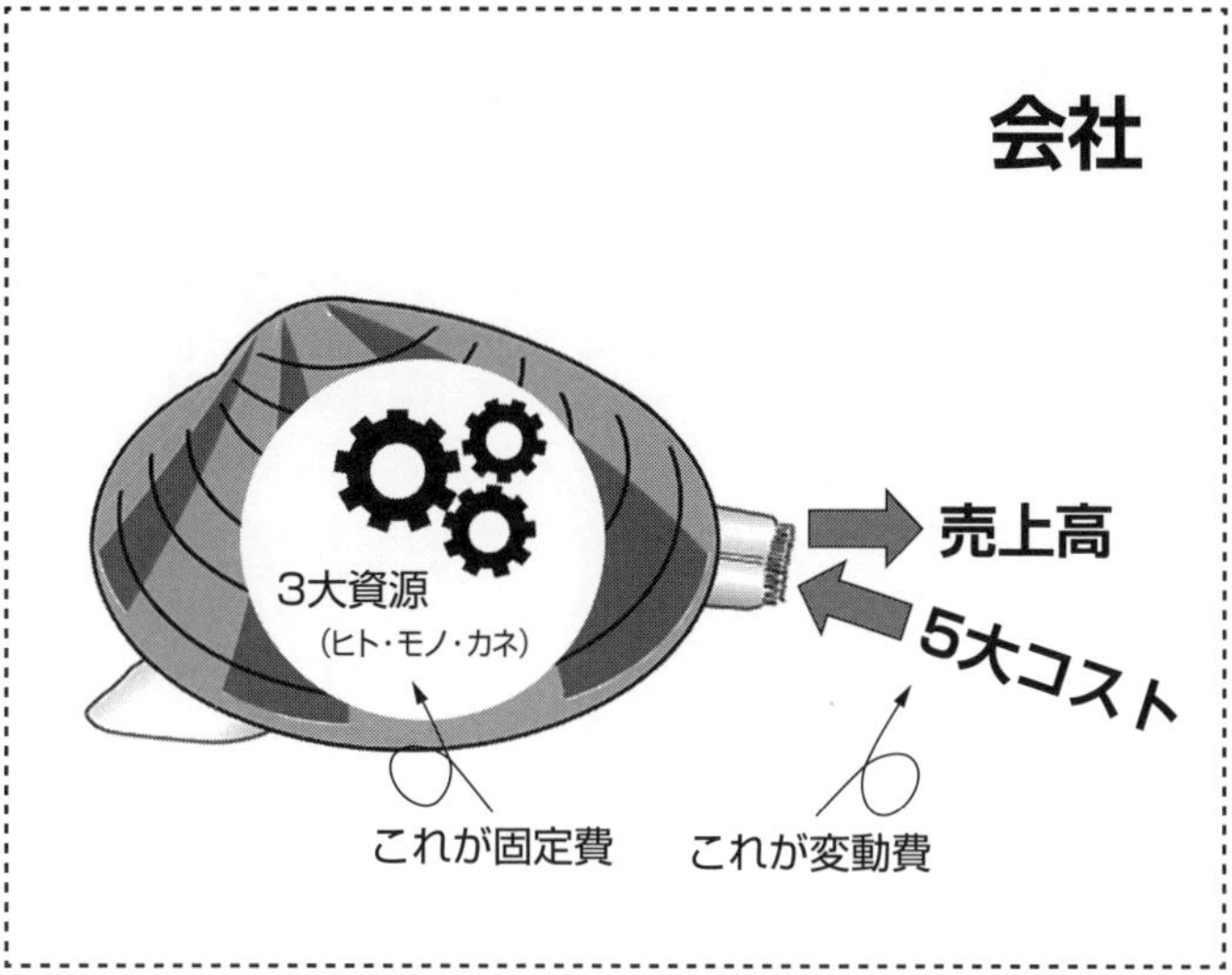

変動費の目標・・・コストダウン

(なるべく使わない)

固定費の目標・・・生産性の向上

(しっかり使う)

なぜなぜ

44 コストや資源には、どんなものがありますか？

製造業なら、5つのコストと3つの資源が代表的

◆サプライチェーンを回せば回すほど発生するコスト（変動費）にはどんなものがあったでしょうか？　一般的な製造業を想定すると5つのコストが代表的なものでした。最も代表的なコストは**材料費**です。材料費には原材料や購入部品のほか、電気代などのエネルギーのコストも含めましょう。次に代表的なコストは労務費です。労務費と言っても、ここでは変動費だけを拾い上げていますので、アルバイト・日雇いなどの**変動労務費**を想定します。その他のコストとしては、都度に外部に支払う**外注加工費**や**外注物流費**などがあります。さらに、従来あまりしっかり管理されてこなかった**在庫金利**もあります。在庫金利もサプライチェーンを回せば回すほど発生する変動費ですからコストなのです。

◆他方、資源（固定費）には、ヒトに関わる**固定労務費**、モノに関わる**設備投資**、カネに関わる**資本コスト**などがあります。売上高からコストを引けば付加価値、そこから固定費を引けばキャッシュフローと呼ばれるものが求まります。

ポイントBOX　**皆さんの会社でも様々な費用をコストと資源にわけてみましょう**

コストと資源の内訳を見る

	A	B	C	D	E
1					
2					
3	売上高	100 億円			
4	材料費	−70 億円			コスト
5	変動労務費	−6 億円			
6	外注加工費	−6 億円	変動費		
7	外注物流費	−9 億円			
8	在庫金利	−1 億円			
9	コスト合計	−92 億円			
10	付加価値	8 億円			
11					資源
12	固定労務費	−2 億円			
13	設備投資	−3 億円	固定費		
14	資本コスト	−1 億円			
15	キャッシュフロー	2 億円			
16					
17					
18					
19					
20					

なぜなぜ

45

ムダ取りのムダ、やっていませんか？

手慣れた仕事に埋没し、進化から逃げていないか？

◆さて、経営強化を目指すべき真のカイゼンは、５つの変動費と３つの資源の全てを対象にした活動でなければなりません。しかし「７つのムダ」に代表されていた従来のカイゼンは、極端に

変動労務費のコストダウンに偏っていました

従来の手慣れたムダ取り活動にいつまでも埋没していると、他の４つのコストのムダ遣いや、３つの経営資源の生産性低下によるムダの放置に繋がってしまいます。これが**「ムダ取りのムダ」**なのです。

◆特に近年の製造業のコスト構成を見ると、労務費の割合が下がり、材料費の割合が突出するケースが増えています。これは作業の自動化・標準化が進んだことや、地球資源の争奪が激しくなったことによるものです。また生産活動を正社員（固定労務費）が担っている場合、７つのムダ取りは手待ちを増やすだけで生産性向上に繋がらないことがあります。これはコストと資源の混同から生じるムダだと言えるでしょう。

ポイントBOX

全体を見渡せば、手つかずのコストや資源が必ず見つかるはずです

これからやるべきカイゼンとは？

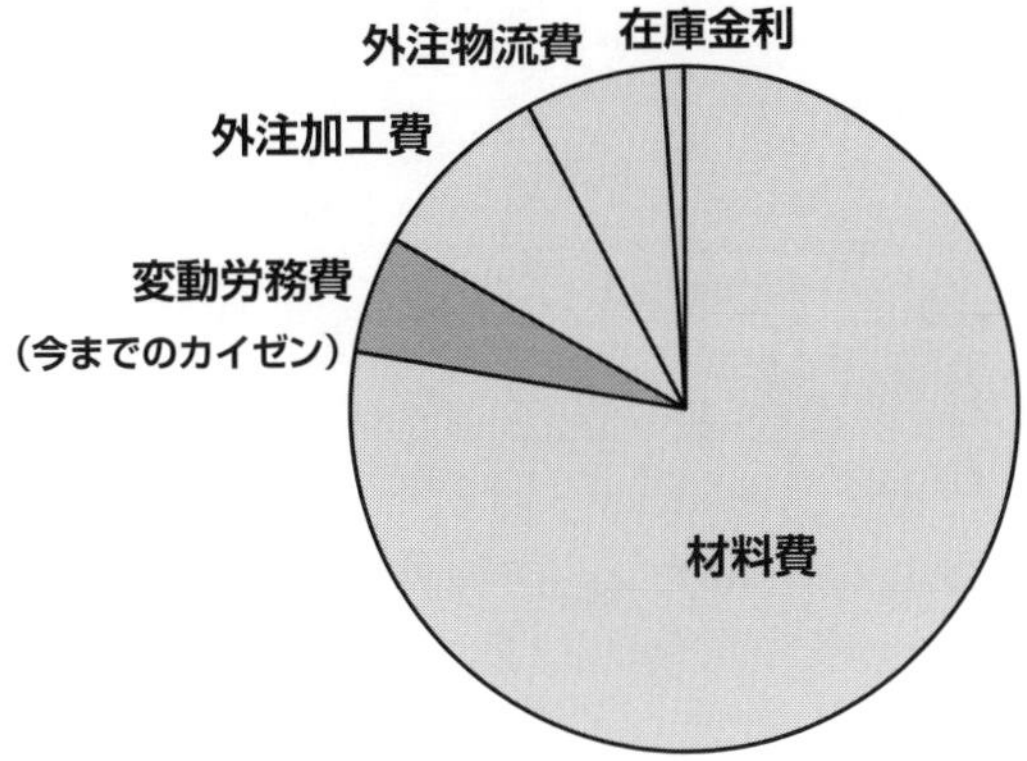

コストの内訳

売上高
－材料費 … どうする？
－変動労務費 … 今までのカイゼン
－外注加工費 … どうする？
－外注物流費 … どうする？
－在庫金利 … どうする？
＝付加価値

－固定労務費 … どうする？
－設備投資 … どうする？
－資本コスト … どうする？
＝キャッシュフロー

なぜなぜ 46

人はコストですか、資源ですか？

労務費だって、変動費と固定労では管理目標が違う

◆従来のカイゼンではあまり意識されてこなかったことですが、変動費になる労務費（変動労務費⇒コスト）と固定費になる労務費（固定労務費⇒資源）では、管理目標が全く違うのでくれぐれも注意をしてください。

✔ **変動労務費**：アルバイトや日雇いの労務費が該当します。変動労務費はコストなのでムダに使わないこと（コストダウン）が目標です。

✔ **固定労務費**：正社員の労務費が該当します。固定労務費は資源なのでしっかり使うこと（生産性向上）が目標です。

◆もし派遣社員など非正規社員の方がいる場合、その扱いは

会社の考え方次第です

非正規社員を**コスト**だと考えるなら、コストダウンの目標を定めて管理しますが、コストである以上は自主的な活動を強要すべきではありません。この点についてけじめのない現場が多いです。他方、非正規社員を**資源（人材）**だと考えるなら、教育訓練等の支援をして生産性向上を目指していきます。自主的で創造的な活動も期待しましょう。

ポイントBOX **自主性を伸ばしたいのなら、ヒトをコスト扱いすべきではありません**

変動費の管理目標…コストダウン

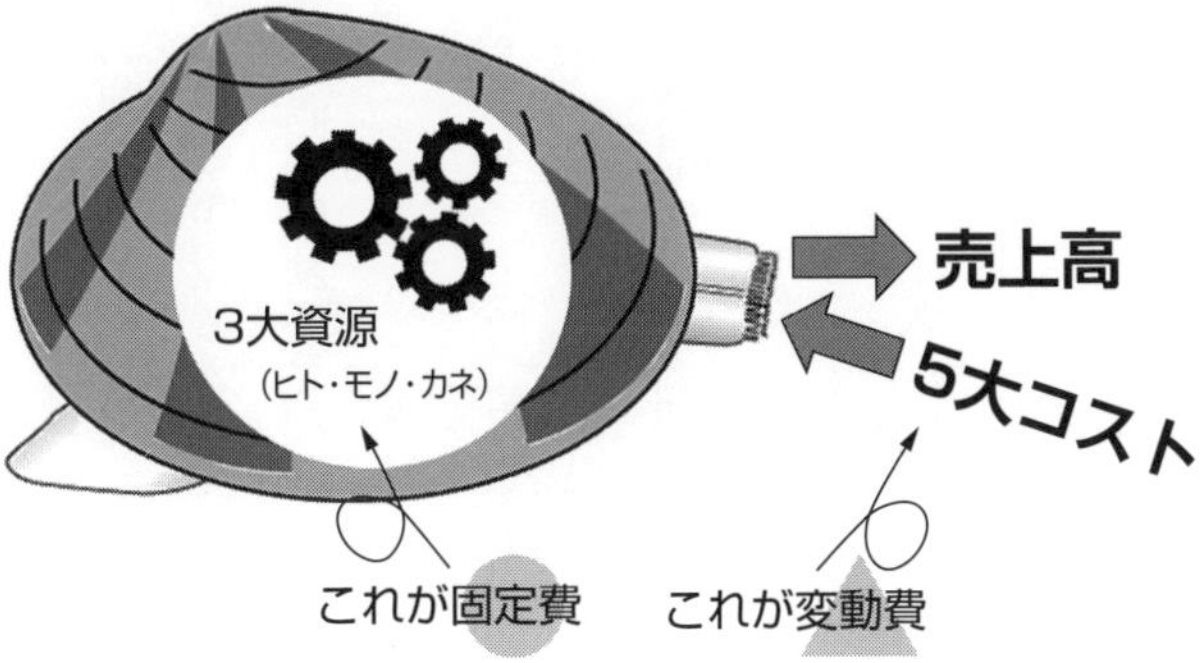

売上高
－材料費
－変動労務費
－外注加工費
－外注物流費
－在庫金利
＝付加価値

変動費グループ

－固定労務費（ヒト）
－設備投資　（モノ）
－資本コスト（カネ）
＝キャッシュフロー

固定費グループ

なぜなぜ 47

自動化の落とし穴を知っていますか？

製品の付加価値は増えない、モノづくりの進化も止まる

◆自動化は多くの製造業で取り組まれているコストダウンですが、失敗も多いので慎重な検討が必要です。まず節減できる変動労務費がどのくらいかをしっかり見積っておかなければなりません。人は分割できないので90％の作業が減っても人数が90％減るわけではないのです。

自動化で変動労務費（作業者）が減る一方で、固定労務費（技術者、保全技能者など）は確実に増えます。多くの自動化設備は個別設計されるので価格が割高で転売は利きません。更に自動化は製品の付加価値を直接的には増やしません。状況によっては「私達は進化を止めます」という宣言にすらなりかねません。

◆もちろん積極的に検討されるべき自動化もあります。

✔ **スループットの大幅な上昇**で、売上高や付加価値の増大に繋がる場合
✔ **製品の品質**が向上する場合、超高精度が実現できる場合
✔ **危険作業や重労働**から作業者が解放される場合
✔ **技能者**が確保できなくなっている場合、などです。

ポイントBOX **自動化投資は会計リスクが高いので、効果を慎重に検討しましょう**

期待した効果が出なかった理由は何でしょう？

	A	B	C	D	
1					
2		自動化前	期待	現実	
3	売上高	100億円	100億円	100億円	
4	材料費	−80億円	−80億円	−80億円	
5	変動労務費	−8億円	−0億円	−4億円	
6	外注加工費	−7億円	−7億円	−7億円	
7	外注物流費	−6億円	−6億円	−6億円	
8	在庫金利	−1億円	−1億円	−1億円	
9	付加価値	▲2億円	6億円	2億円	
10					
11	固定労務費	−2億円	−2億円	−4億円	
12	設備投資	−2億円	−2億円	−4億円	
13	資本コスト	−1億円	−1億円	−2億円	
14	キャッシュフロー	▲7億円	1億円	▲8億円	
15			効果が出ていない		
16					
17					
18					

なぜなぜ

48

予防保全はどこまでやるべきでしょうか?

従来のカイゼンに潜んでいたもう一つの落とし穴

◆従来のカイゼンの重要な活動目標に予防保全もありました。しかし行き過ぎた予防保全もまた「ムダ取りのムダ」に陥るケースがあるので要注意です。

例えば、工場の操業度が著しく下がっていてフル生産からは程遠い状況にある場合、予防保全で稼働率を高めること(A案)にはあまり意味がないでしょう。むしろ固定労務費などの余分な資源の投入が会社全体の生産性を下げてしまうことになります。

◆しかし工場がフル生産で、予防保全が更なる生産拡大(即ち売上増大)に直接貢献できるなら判断は変わってくるかもしれません(B案)。こうした判断をするには、カイゼン活動の効果を、きちんと**会計的にシミュレーション**する必要があります。その際、固定費側の見積りも忘れないようにしましょう(例えば固定労務費)。仮に人数は増えていなくても、本来やるべきだった他の創造的活動は犠牲になってしまうからです。

ポイントBOX **カイゼン活動こそ、会計ツールによる「見える化」が大切です**

変動費の管理目標…コストダウン

	A	B	C	D
1				
2			予防保全	
3		現状	A 案	B 案
4	売上高	100 億円	100 億円	120 億円
5	材料費	−70 億円	−70 億円	−84 億円
6	変動労務費	−10 億円	−10 億円	−12 億円
7	外注加工費	−8 億円	−8 億円	−9.6 億円
8	外注物流費	−6 億円	−6 億円	−7.2 億円
9	在庫金利	−1 億円	−1 億円	−1.2 億円
10	付加価値	5 億円	5 億円	6 億円
11				
12	固定労務費	−2 億円	−3 億円	−2 億円
13	設備投資	−2 億円	−2 億円	−2 億円
14	資本コスト	−2 億円	−2 億円	−2 億円
15	キャッシュフロー	▲ 1 億円	▲ 2 億円	▲ 0 億円
16			効果なし	効果あり
17				

なぜなぜ 49

内製か外注かをどうやって決めますか？

全てのコストを集めて一元管理することのメリット

◆ある製品や工程を内製すべきか／外注すべきかの選択を迫られた場合、どのように検討すればよいでしょうか？

例えば内製率100％で赤字の事業があった場合、外注化によって変動労務費のコストダウンを図り黒字化できることがあります（A案）。しかし節減される労務費が固定労務費なら、手待ちが増えるばかりでこれほど単純なコストダウンにならないでしょう。不思議なことに、こうした単純な比較で効果を見える化できる会計ツールが今までありませんでした。それは従来の原価計算が変動費と固定費をきちんとわけていなかったからです。しかし

変動費だけで計算する原価計算なら、判断はとても簡単です

◆外注先と自社で適切に工程を分担し、それぞれの競争力の高い工程に活動を集約できるなら、サプライチェーン全体の生産性が高まります。外注先の生産能力を有効に活用すれば、サプライチェーン全体の生産能力を高めることもできます（B案）。

ポイントBOX **変動費と固定費をしっかり分離しておけば、経営判断は常に簡単です**

ある工程を外注した時の生産性比較

	A	B	C	D
1				
2		現状	A案	B案
3	内製率	100％	0％	0％
4	売上高	100億円	100億円	120億円
5	材料費	−80億円	−80億円	−96億円
6	変動労務費	−25億円	−0億円	−0億円
7	外注加工費	−0億円	−9億円	−10.8億円
8	外注物流費			
9	在庫金利	−1億円	−1億円	−1.2億円
10	付加価値	▲6億円	10億円	12億円
11			効果あり	能力アップ

※従来の古い原価計算では、
変動費と固定費が複雑に入り混じっているため、
上記のような単純なコストの比較ができません

なぜなぜ 50

共倒れのムダって、何のことかわかりますか？

相手に生産性向上を押し付け、自ら怠ることの悲劇

◆従来の古い会計では、労務費の扱いが分断されていたため（工場内／工場外）、叩く人と叩かれる人という分断を生み出していました。

叩く人（販管費になる）	叩かれる人（売上原価になる）
大手製造業	協力会社・下請け
本社	工場
正規社員	非正規社員
ホワイトカラー	ブルーカラー

叩く／叩かれるという分断がある限り、叩く側の生産性は向上しません。協力会社にのみ在庫や生産性の責任を押し付けて自分自身の努力を怠れば、やがて優秀な協力会社は力尽きてしまうでしょう。結果的に叩く側も一緒に倒れることになります。これが**「共倒れのムダ」**です。

◆やみくもに相手を叩き、コストダウンや生産性向上の責任を一方的に押し付けるのではなく、相互にＷＩＮ－ＷＩＮの関係を築いてサプライチェーン全体の競争力を強化していかなければなりません。

ポイントBOX **共倒れのムダは、日本の製造業全体が直面している滅びの道です**

相手を非難する前に…

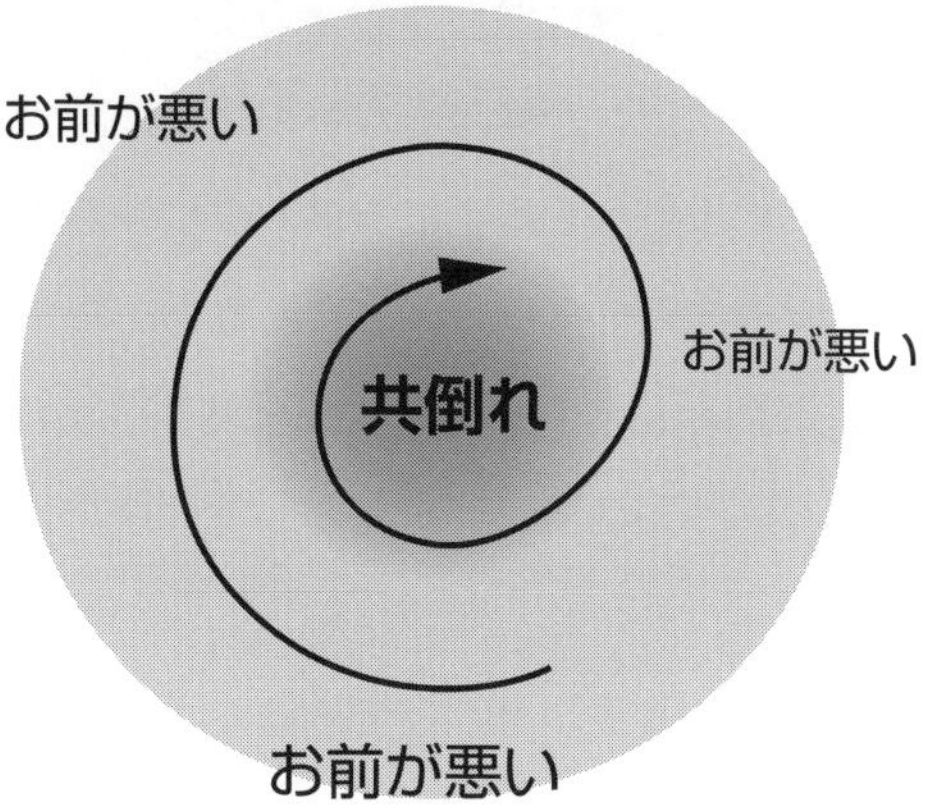
お前が悪い
お前が悪い
共倒れ
お前が悪い

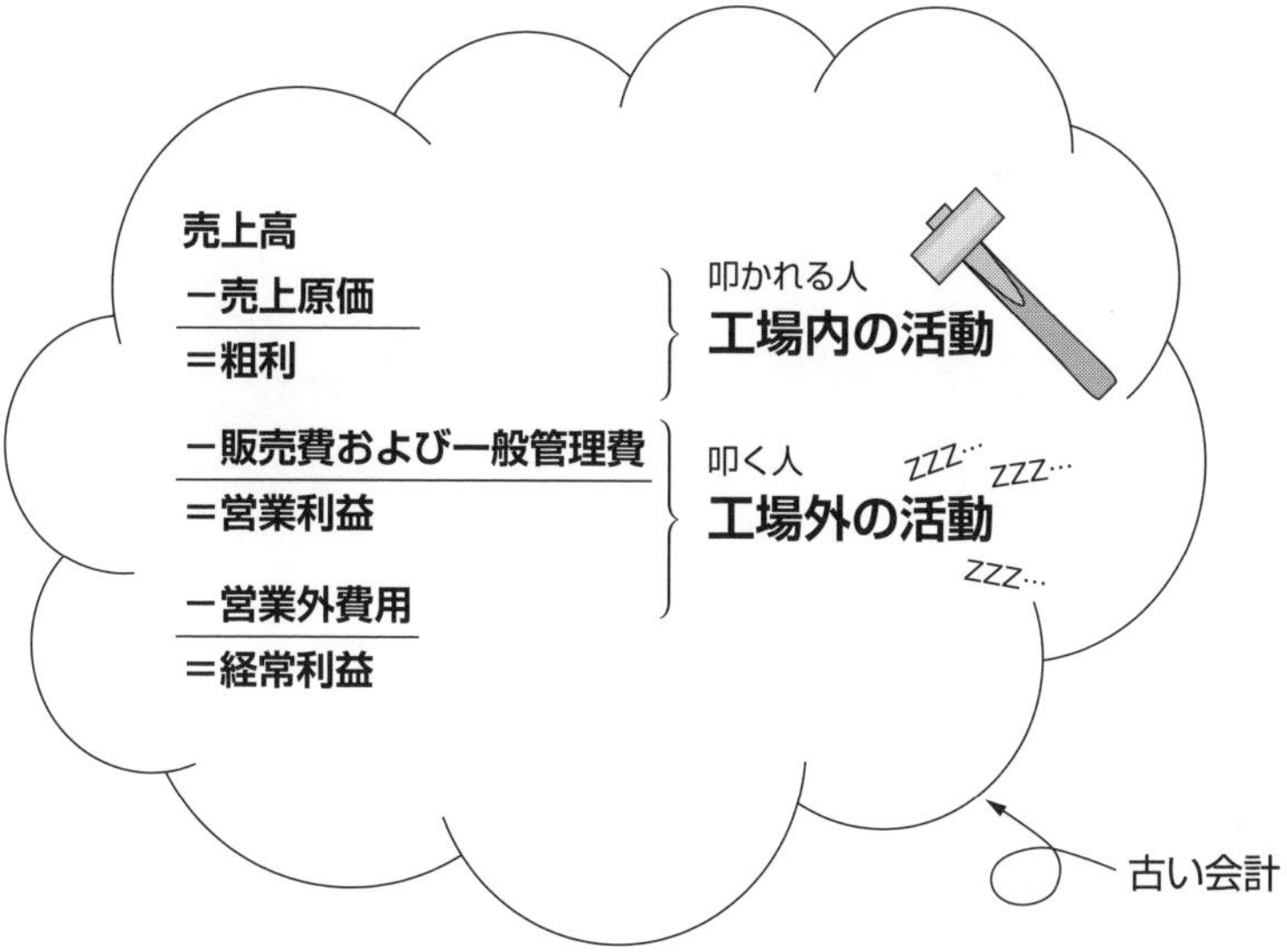
売上高
－売上原価
＝粗利
－販売費および一般管理費
＝営業利益
－営業外費用
＝経常利益
叩かれる人
工場内の活動
叩く人
工場外の活動
ZZZ…
ZZZ…
ZZZ…
古い会計

―― ＜ムダ取りのムダ・共倒れのムダ　～　共に生きる！＞ ――

ムダ取りのムダは、①コストの全体が見えていないこと、②変動費と固定費（コストと資源）の混同、によるカイゼン活動の失敗です。様々なカイゼン活動によって変動費と固定費は異なる動き方をしますが、その全体を見える化しておかなければカイゼンが成功しないのは当然です。

他方、共倒れのムダの本質は、相手にコストダウンを要求するばかりで自分自身のコストのムダや生産性低迷に向き合わないことです。社内でも／社外でも、叩く人と叩かれる人という分断がある限り、どちらも真の生産性は向上しません。そしていつか共倒れになるという悲劇の連鎖を食い止めなければなりません。逃げ回っていたら問題は解決しないのです。覚悟を決めてやりましょう。やればできます。きっとできます！

新しい会計

売上高

変動費
- －材料費　・・・①ゼロ在庫のムダ
- －変動労務費　・・・②ムダ取りのムダ ★
- －外注加工費　・・・③共倒れのムダ ★
- －外注物流費　・・・④場当たり配送のムダ
- －在庫金利　・・・⑤工場外無関心のムダ

＝付加価値

固定費
- －固定労務費　・・・⑥身分分断のムダ
- －設備投資　・・・⑦会計不毛のムダ
- －資本コスト　・・・⑧株主不在のムダ

＝キャッシュフロー

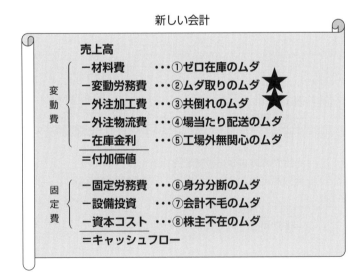

コラム⑤

他社の製品を売る覚悟

「お客様のために…」　口で言うのは簡単ですが、本気でやるのは結構大変です。ある日、私はこんな提案をしてみたことがありました。

「お客様のために…と本当に本気で言うのなら、他社の製品も売ってみませんか？　自社工場の生産性が低いなら、自社製品だって他社の工場で作ってもらいませんか？」

予想されたことながら、「あり得ない」「何を言っているのかわからない」と大騒ぎになりました。

でもどうでしょうか？

今日はネットでなんでも比較される時代です。お客様は私達が提供する製品やサービスがベストでなければ逃げていきます。反対に私達が本当に本気でお客様の目線に立ち、本当に良い製品を自社／他社の分け隔てなく販売したら、きっとお客様から支持されるでしょう。性能が同等なら自社製品をお勧めできる機会だって増えるはずです。お客様のニーズもわかるので、次の製品開発にも活かせます。外部との競争に晒されれば、自社工場の生産性だって向上するでしょう。きっと、そんなに悪いことばかりじゃありません。でも、現実には工場の都合だってありますし…

さて、と…　お客様のために、他社の製品を売る覚悟はありますか？

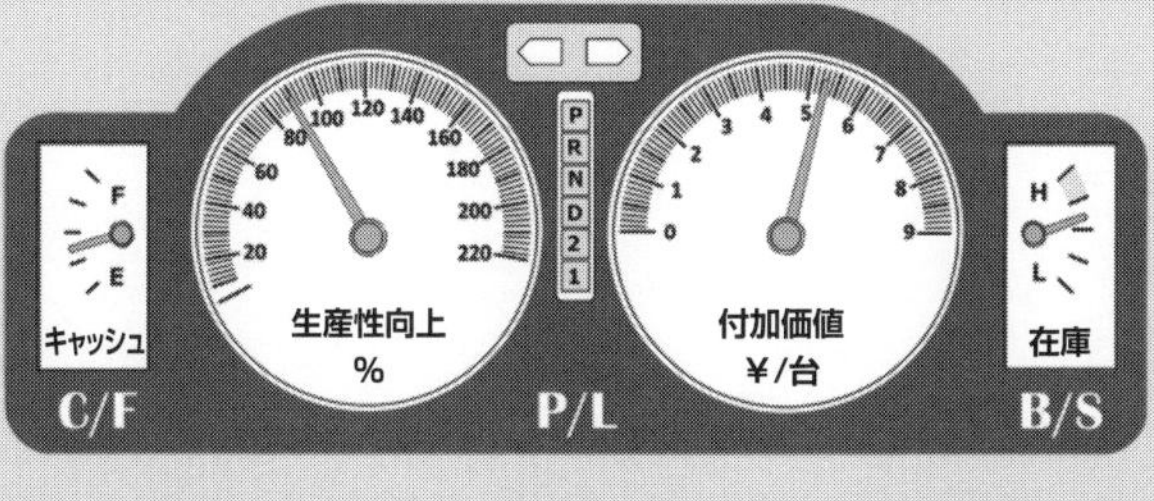

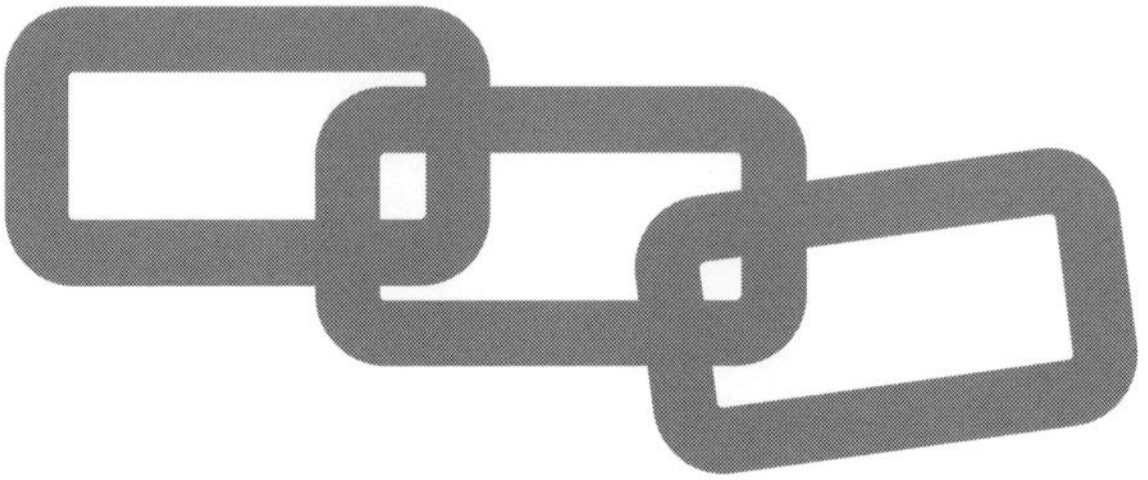

え、何をしたらよいかわからない？

それなら工場の外に出て

買い物でもしてみたらどうですか？

Ⅵ

場当たり配送のムダ
—コストダウンの発想から、価値を創る発想へ！—

製造業の新しい勝負所でありながら、
場当たり的な対応で済ませるのはムダです。

厳しい時代を生き抜く力

なぜなぜ 51

90%の人が、どちらを選んだと思いますか？

3千円・納期即日の扇風機 vs 2千円・納期1ヶ月の扇風機

◆以前、製造業の方々向けにセミナー講師を担当したことがありました（好評でした！）。そのセミナーで、私は参加者の皆さんに尋ねました。

「暑くなってきたので扇風機を買おうと思います。調べてみたら選択肢は2つ。1台目は3千円・納期即日の扇風機、もう一台は2千円・納期1ヶ月の扇風機。機能とデザインは全く同じ。扇風機を買うのがあなただったら、どちらの扇風機を選びますか？」

さて、皆さんはどちらの扇風機を選んだでしょうか？

◆選択のポイントは安さを重視するか／速さを重視するかです。結果は速さでした。90%の方が3千円・納期即日の扇風機を選んだのです。この事実は、お客様にとっての価値が何なのかを考える時、とても印象的です。現実の世界では、

①製品情報へのアプローチの容易さ、
②注文が簡単なこと、
③支払いが便利なこと、

なども選ばれるための要件でしょう。言い換えると、製品自体では差が付かなくなってきているのです。

ポイントBOX **多くの方々が、製品そのもの以外の要因で何を買うかを決めています**

どちらの扇風機を選びますか？

¥2000 納期 1ヶ月

¥3000 納期 即日

なぜなぜ 52

この赤字事業を、どうやって立て直しますか？

製造業の関係者は、全員がコストダウンすると答えた

◆扇風機を選んでいただいたのと同じセミナーの後半で、私は製造業者の関係者の皆さんにこんな質問をしました。

「ある事業を立て直そうとしています。P／Lを見るとキャッシュフローは赤字です。この状況が数年続いたら会社は倒産してしまうでしょう。もしあなたが社長だったら、この事業をどうやって立て直しますか？」

全員のお答えが、コストダウンでした

ではどんなコストダウンをしますかと尋ねると、「カイゼンの徹底で労務費をさらに削減する」や「外注物流費を削減する」などが大半でした。

◆「今ではどこでもカイゼンが進み1％のコストダウンだって容易じゃありません。でも思い出してください。先程、皆さんは値段が高くても早く届く扇風機を選びました。むしろ戦略的に物流費をかけて納期を超短縮し、価値を取りに行くといった発想もすべきではありませんか？」

古いカイゼンに縛られていると、こうした発想は生まれてきません。

ポイントBOX　古いカイゼン活動の発想が、製造業のビジネス革新を妨げています

この事業をどうやって立て直しますか？

	A	B	C	D
1				
2	売上高	100 億円		
3	材料費	−70 億円		
4	変動労務費	−6 億円		
5	外注加工費	−6 億円		
6	外注物流費	−9 億円		
7	在庫金利	−1 億円		
8	コスト合計	−92 億円		
9	付加価値	8 億円		
10				
11	固定労務費	−2 億円	ヒトへ	
12	設備投資	−3 億円	モノへ	
13	資本コスト	−2 億円	カネへ	
14	研究開発費	−3 億円	ミライへ	
15	キャッシュフロー	▲2 億円		
16				
17				
18				

この赤字、どうする？

なぜなぜ 53

その製品を誰が作っているか知ってましたか？

誰でもできる「作る」は、今では無価値作業になった

◆近年、日本国内で物流業のパワーが増してきています。ある物流業者は物流センター内に組み立て工場を設置し、国内の某有名メーカーの製品を生産しています。匿名管理が徹底されているので、お客様はそれが物流業者の流通センターで作られていることを知りません！　こうした匿名生産が行われるようになった理由は、

✔様々な部材や在庫が集積され、**迅速な**生産と出荷が可能なこと

✔迅速な出荷が**価値**を生むこと

✔「作る」という活動が**誰でもできる**ようになってきたこと、などです。

◆アメリカのアマゾンは躍進を続けていますが、その強みの1つは圧倒的な短納期です。強力なレコメンデーション機能を整備するとともに、お客様の検査履歴から需要を予想し、お客様がまだ発注していない品物を調達して

待機在庫にすることさえあると言われます

こうした工夫も、日本の古いカイゼンやゼロ在庫の発想からは生まれてきません。

ポイントBOX　**誰でもできることで頑張っても、大きな価値は生み出せません**

ある物流会社の匿名工場

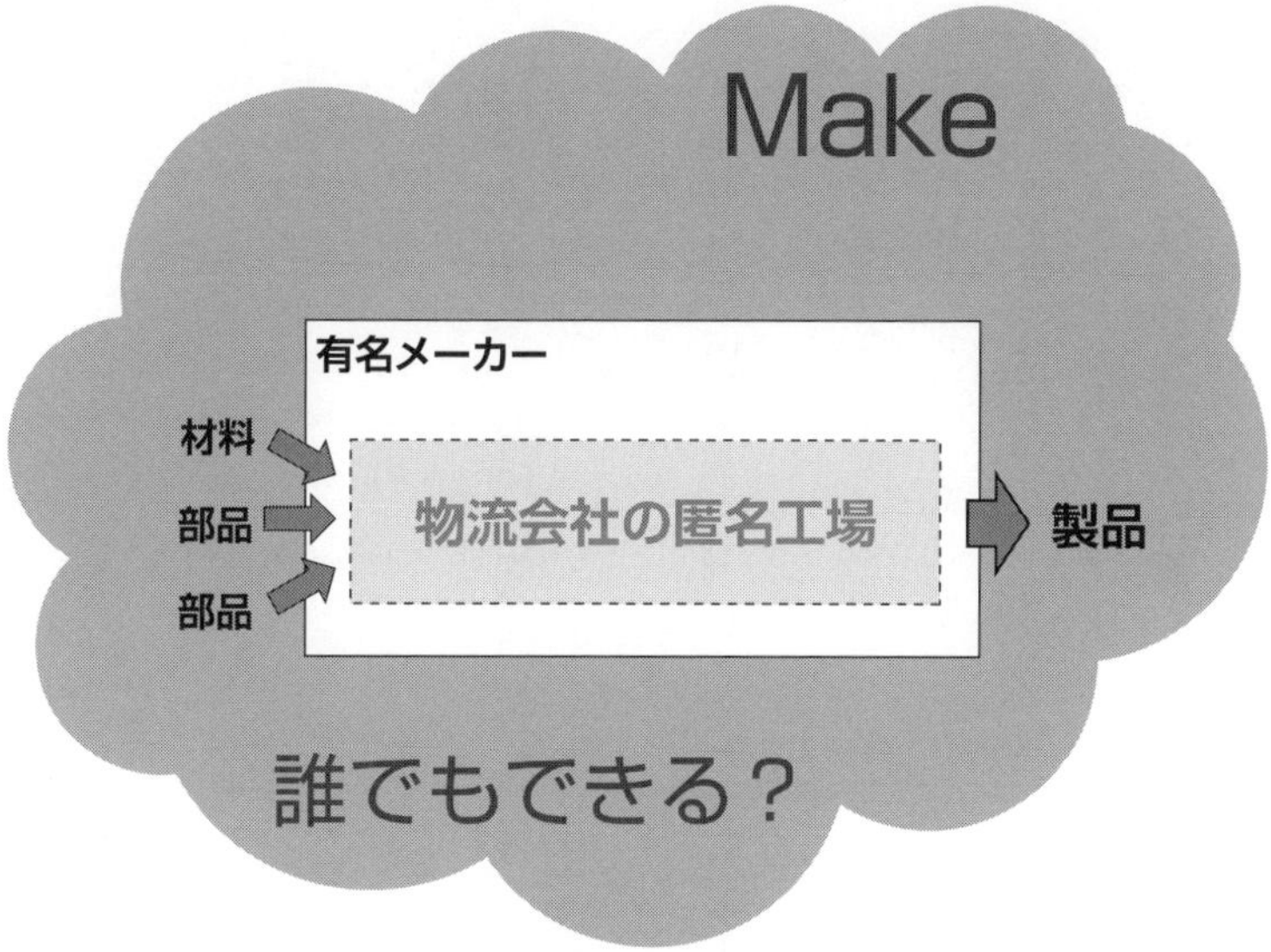

作る（Make）		創る（Create）
✔ ブルーカラーが担っていた	➡	✔ ホワイトカラーが担う
✔ 誰でもできるようになった	➡	✔ 自主的な人材の育成が重要
✔ ロボットでもできる	➡	✔ 今後もヒトがやるべきこと
✔ テーマはコストダウン	➡	✔ テーマは生産性

なぜなぜ

54

これからの製造業の競争力って、何でしょう？

作業の巧みさの戦いから、仕組みづくりの戦いへ

◆毎日の繰り返しの中では忘れられがちなことですが、改めて製造業というビジネスモデルの強味（競争力の源泉）とは何だったのでしょう？

〈50～30年前の競争力〉

カイゼンや7つのムダ取りによる**労務費削減**／製造品質の向上など

〈現在の競争力〉

製造工程の管理だけでは**差が付かなくなった**…それなら何で戦うのか？

◆スマイルカーブという言葉があります。サプライチェーン中流の加工組立活動では価値を生み出せなくなり、上流や下流の活動に勝負所が移っていることを示すものです。そこでは腕力や技能、動作や段取りといった作業の優劣ではなく、会計的にスマートな仕組み作りや創造力が問われます。工場内ではなく、社外との関わりやお客様に近い所にこそ新しい価値があるのです。今まで工場内に閉じこもっていた生産技術者の皆さんも

進化の時を迎えています

ポイントBOX **お客様に接する活動こそが、これからの新しい勝負どころです**

スマイルカーブが示す古いカイゼンの限界

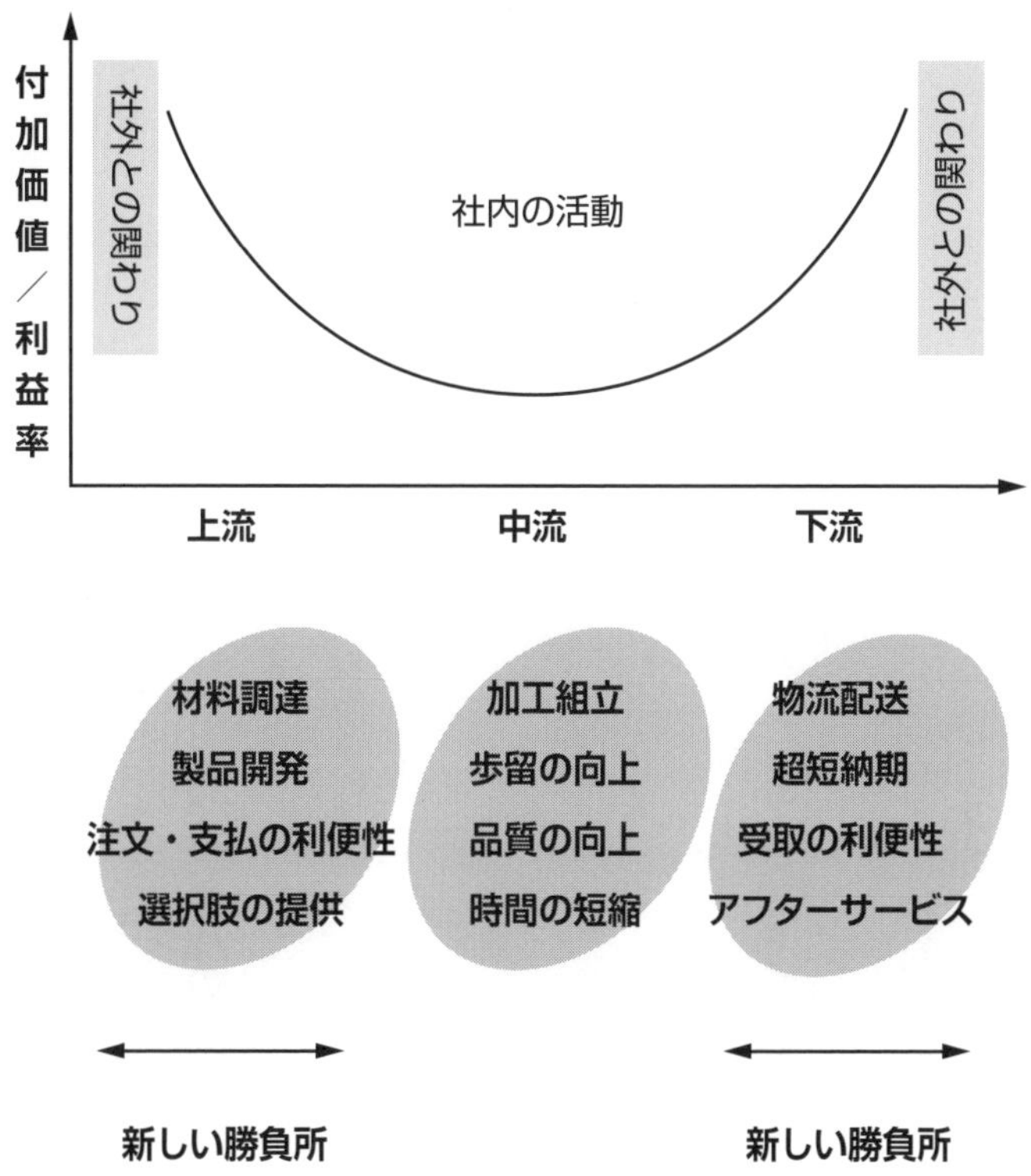

なぜなぜ 55

これからも工場中心でよいですか？

プッシュ生産からプル生産への脱皮に真に必要なこと

◆従来、製造業は「製造業」であるが故に工場中心の運営になりがちでした。工場が強い権限を持ち、事業が工場の都合に振り回されることもしばしばでした。お客様の要望が断られたり、待たされたり、固定費を薄めるための無駄な在庫が積み上げられたり、古いカイゼン活動が放置されたりしてきたのです。その一方で、お客様と直接接する

物流部門の活動は軽く見られがちでした

◆しかしこれからのあるべき姿は、むしろ物流部門中心の事業運営でしょう。事業はお客様に製品ではなくソリューションを提供し、物流部門が中心になってソリューション実現に必要な製品や資材を集めます。

必要があれば製造部門に指示を出し

そのパフォーマンスが悪ければ外部に仕事を回してしまうといった厳しさも必要になるでしょう。外部との競争に晒されることによって製造部門も甘えを脱し、本当のカイゼンが促されていくからです（納期もコストも）。

ポイントBOX 製造業という名ではあっても物流部門中心の運営に移行すべきです

工場中心のモノ・情報の流れ

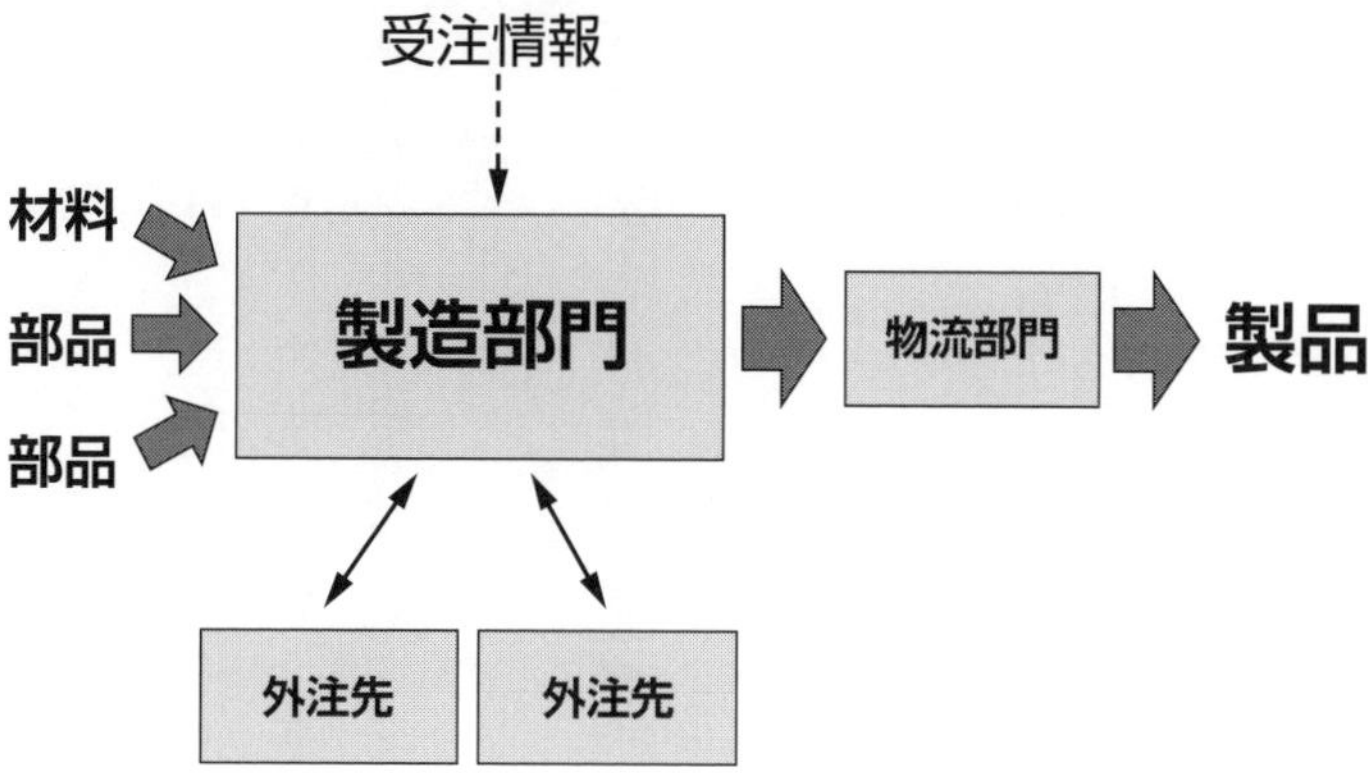

今後あるべきモノ・情報の流れ

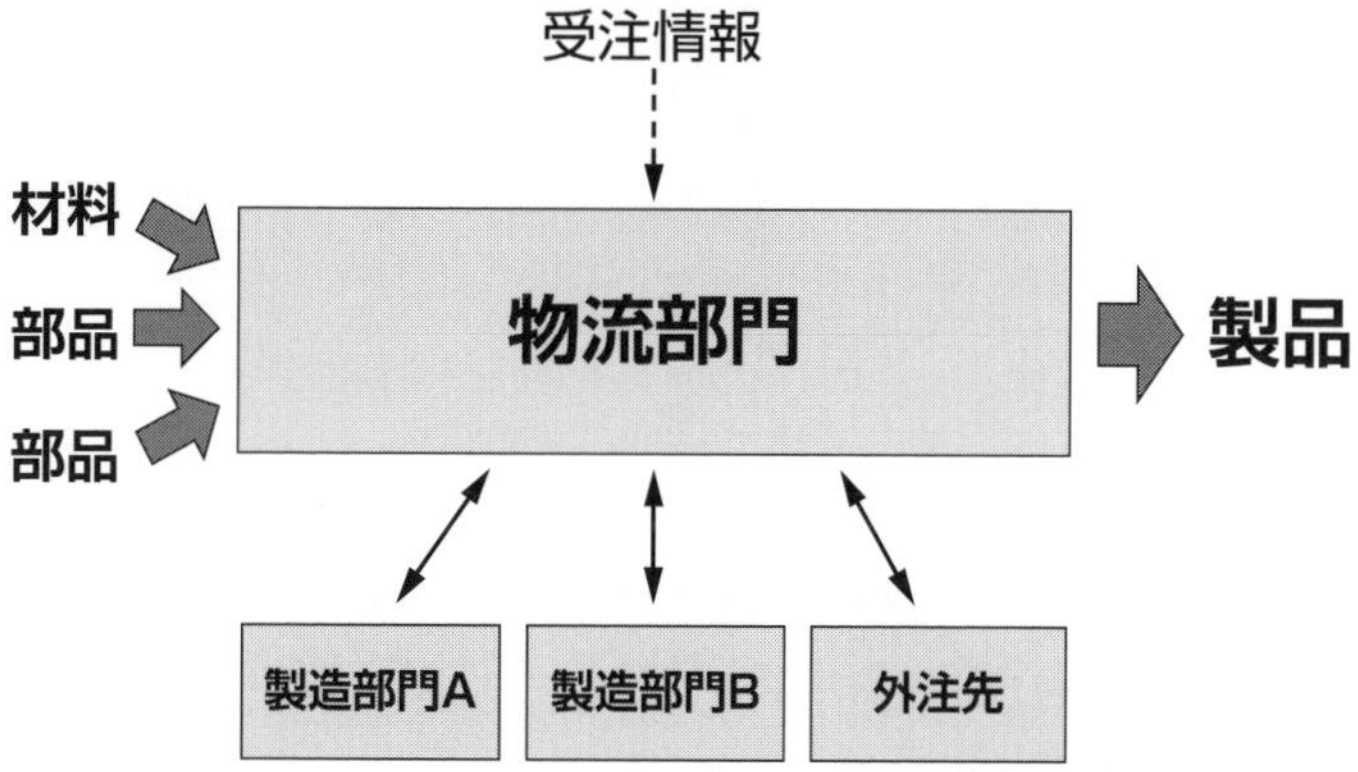

なぜなぜ 56

いつまでも「生産技術」って名前でよいですか？

生産技術者が、新しく生まれ変わるために必要なこと

◆製造業の事業運営が製造部門中心から物流部門中心に移行する時、工場内の活動にのみ特化した生産技術者は失業します。そうならないためには生産技術者も進化しなければなりません。進化した生産技術者は「サプライチェーン・エンジニア」として新たな出発をしましょう。工場だけに閉じこもらずサプライチェーン全体の活動に関心を持ち

サプライチェーン全体の流れを最適化

していかなければなりません。また適切なコスト管理をするための会計的な仕組み作りでも、会社の活動をリードしなければなりません。

◆そのためには、生産技術部を工場から独立した組織にする必要があります。名称も「生産技術部」ではなく「サプライチェーン・カイゼン部」などとすべきでしょう。工場には保全機能だけを残します。名称は変わっても、今まで培った生産技術のノウハウは生かせます。

生産技術者の他にこの仕事をやれる人はいないのです

ポイントBOX サプライチェーン・エンジニアに生まれ変わりましょう！

製造業の組織図（20 世紀）

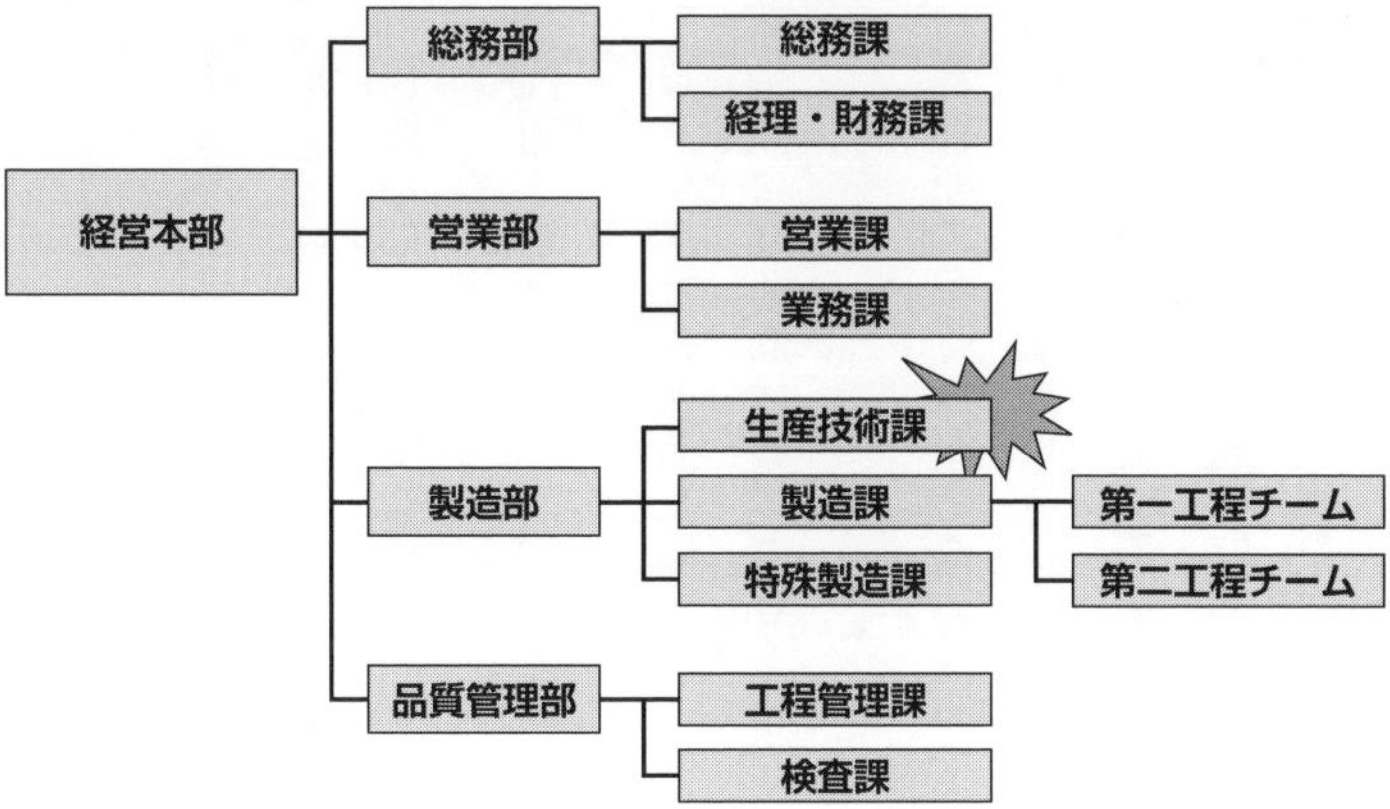

製造業の組織図（21 世紀）

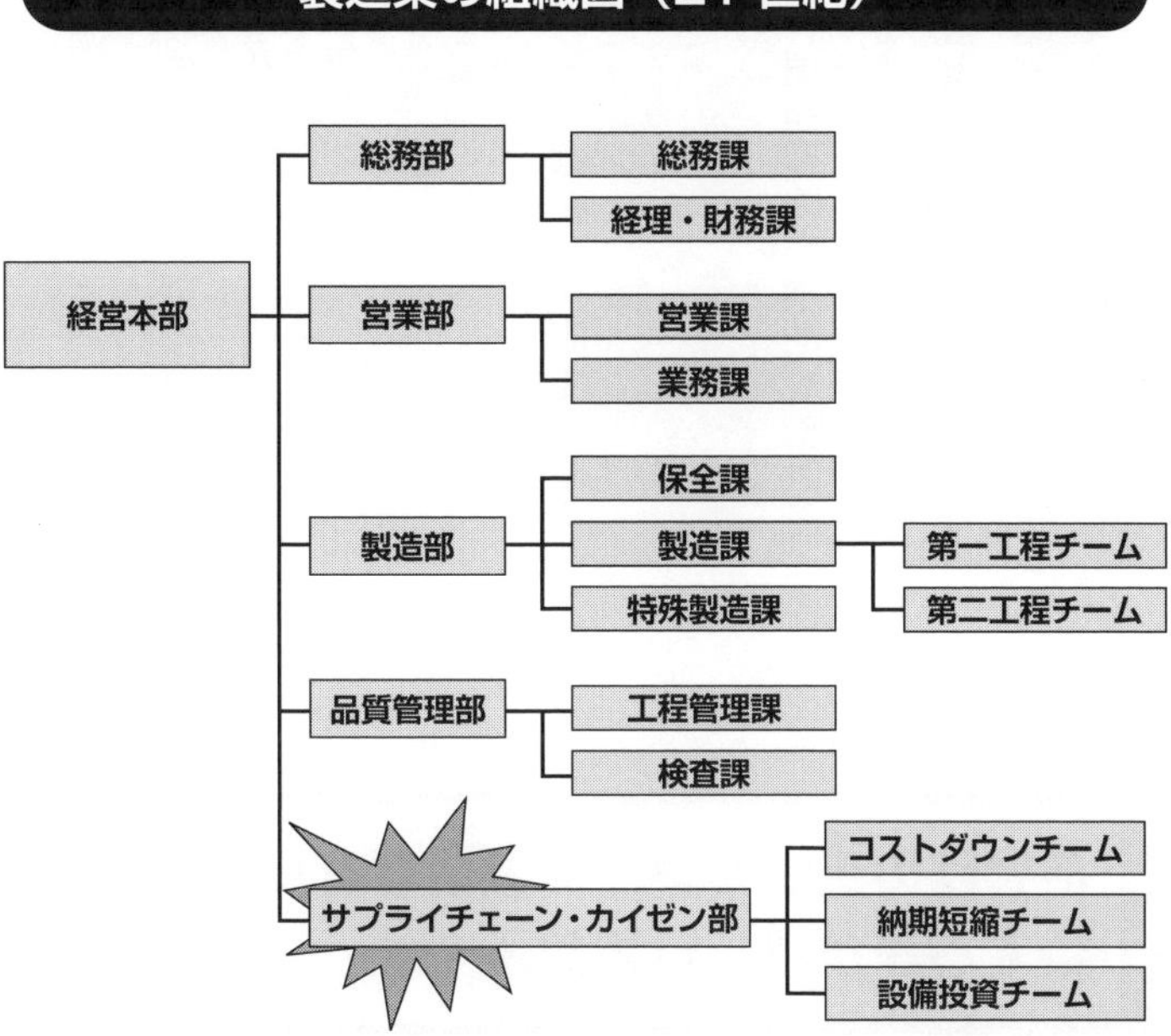

なぜなぜ 57

持つべき在庫があるなら、それは何でしょう？

腐る在庫vs腐らない在庫というメリハリ

◆従来、在庫は悪と言われてきましたが、在庫を一律に切り捨ててしまったのでは新しい戦略が見えてきません。在庫には腐る在庫と腐らない在庫があります。腐る在庫は物理的・生物的に腐るものだけでなく、**季節や流行、モデルチェンジなど**で売れなくなる可能性のある在庫です。仕掛品や製品在庫の多くは腐る在庫ですから、引き続き在庫削減に努めなければなりません。

◆他方、材料在庫の多くは腐らない在庫でしょうから、材料調達戦略や納期短縮戦略とのバランスの中で一定の備蓄を容認すべきです。十分な在庫がなければ納期短縮に限界が生じるのみならず、**近年増えている災害や疫病などの社会的混乱**の影響も受けやすくなるからです。同時に、備蓄した材料在庫を腐らせないための製品設計上の配慮も重要です（部品共通化など）。さらに在庫（お金の山）には売上債権や現金預金もあります。これらも放置せず適切に回収・管理しなければ無意味なことは言うまでもありません。

ポイントBOX **お客様の視点でいかに適切な在庫を持てるかが新しい勝負所です**

工場都合からお客様視点へのシフト

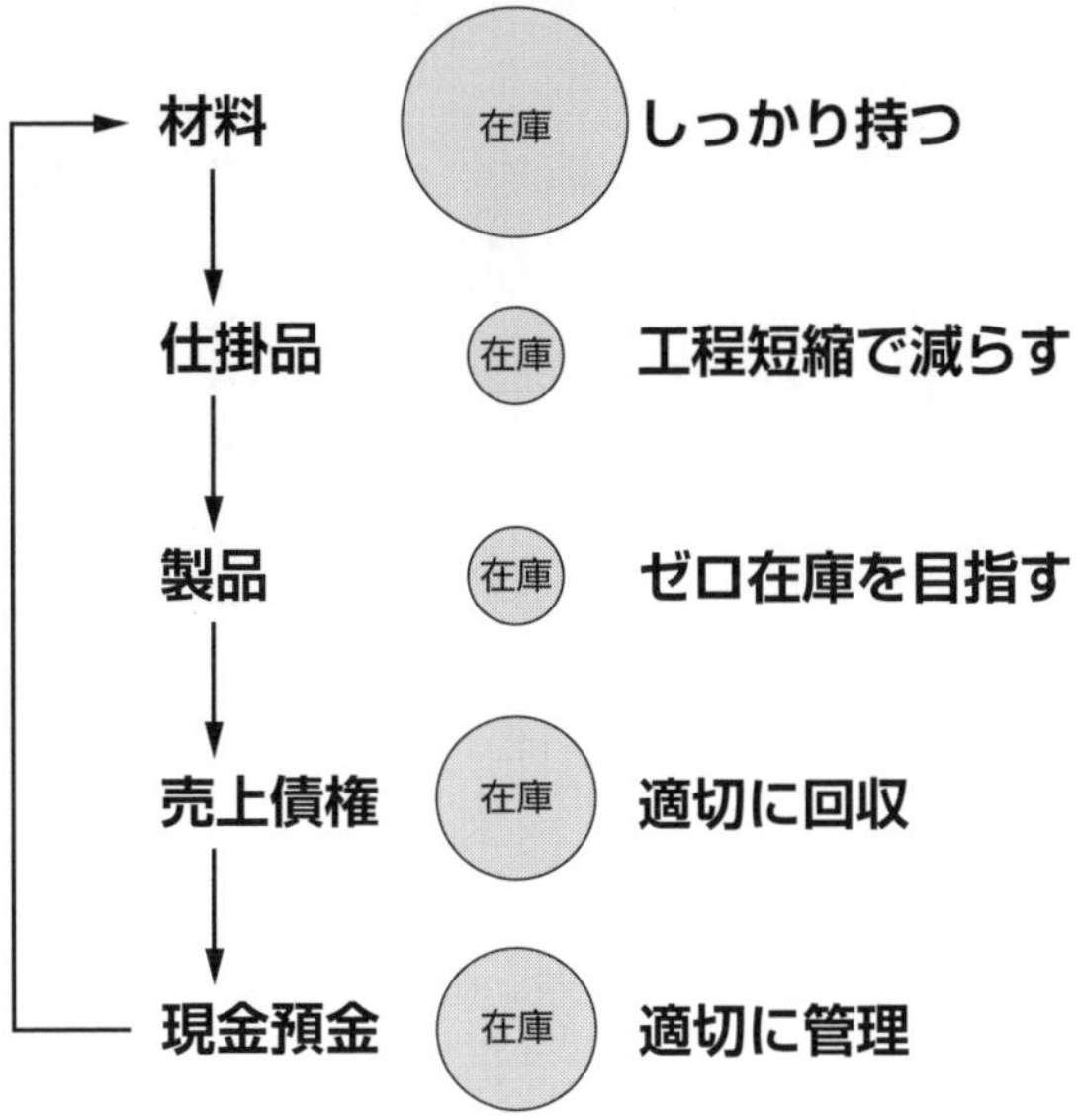

なぜなぜ
58
場当たり配送のムダって、何でしょう？

物流を事業戦略の柱に据え、新たな価値を創り出す

◆製造業の新しい勝負どころの1つは納期短縮ですが、決してやみくもに在庫を増やしたり、物流費をかけたりしてよいわけではありません。バランスが重要です。ところが従来の古いP／Lでは、工場内のコスト（売上原価）と工場外のコスト（販売費および一般管理費）が分断されていたため、**物流費**が適切に管理されず、場当たり配送に陥ってしまう事例が多くありました。更に**在庫金利**が営業外費用に区分されてきたこともまた、効果とコストのバランスを適切に判断する妨げになってきたのです。

◆物流費や在庫金利を、サプライチェーン上のコストとして認識し他のコストとのバランスを取りながら付加価値を最大化していくためには、

全てのコストの一元管理が不可欠です

しかし従来の古いP／L（財務会計と呼ばれる仕組み）ではそれができません。どうしても新しいP／L（管理会計と呼ばれる仕組み）が必要です。そうしなければ製造業の新しい勝負どころがどこなのかが見えてこないのです。

ポイントBOX　新しい管理会計を創るのは生産技術者です。他の誰でもありません

従来のP/Lでは、物流費と在庫金利が管理外だった

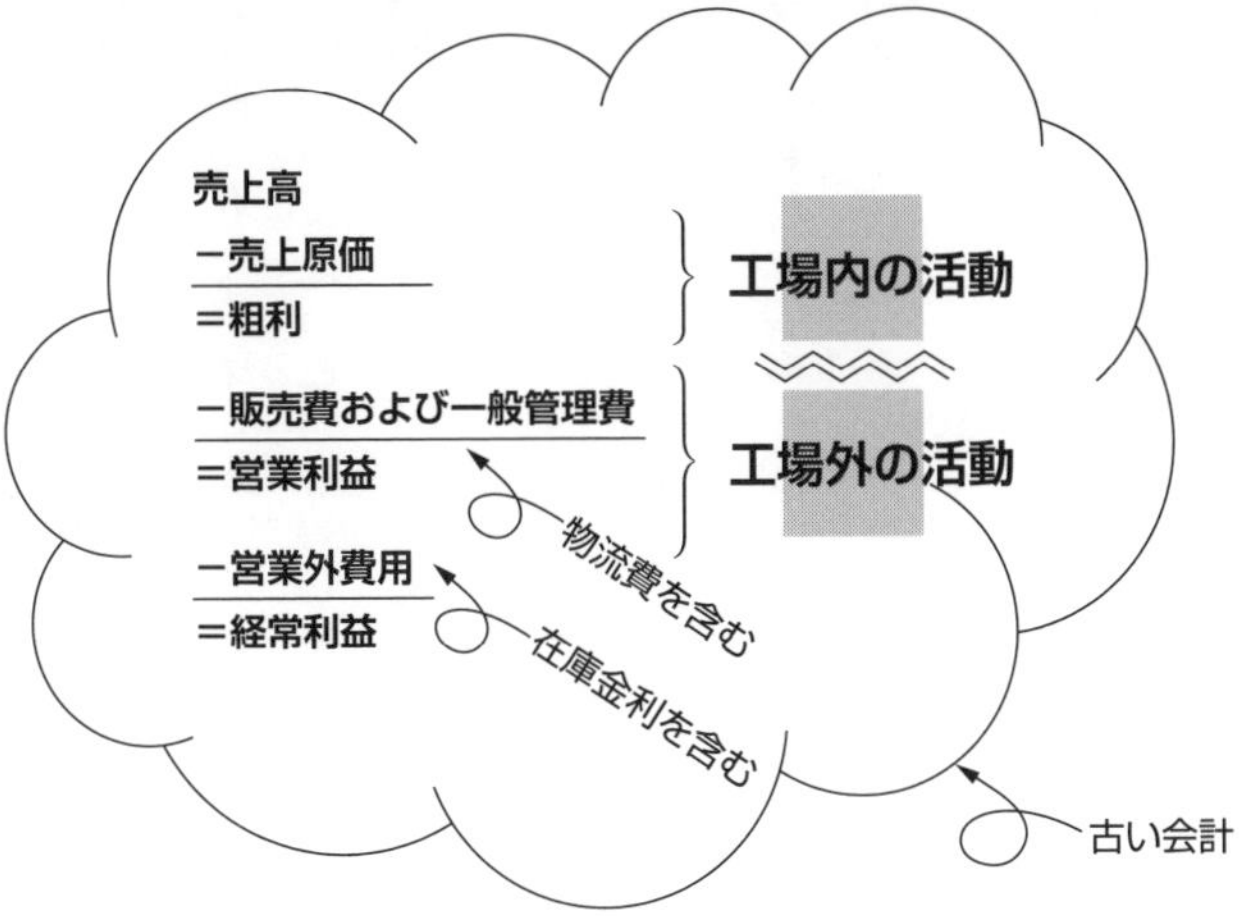

新しいP/Lでは、コストと資源を一体管理する

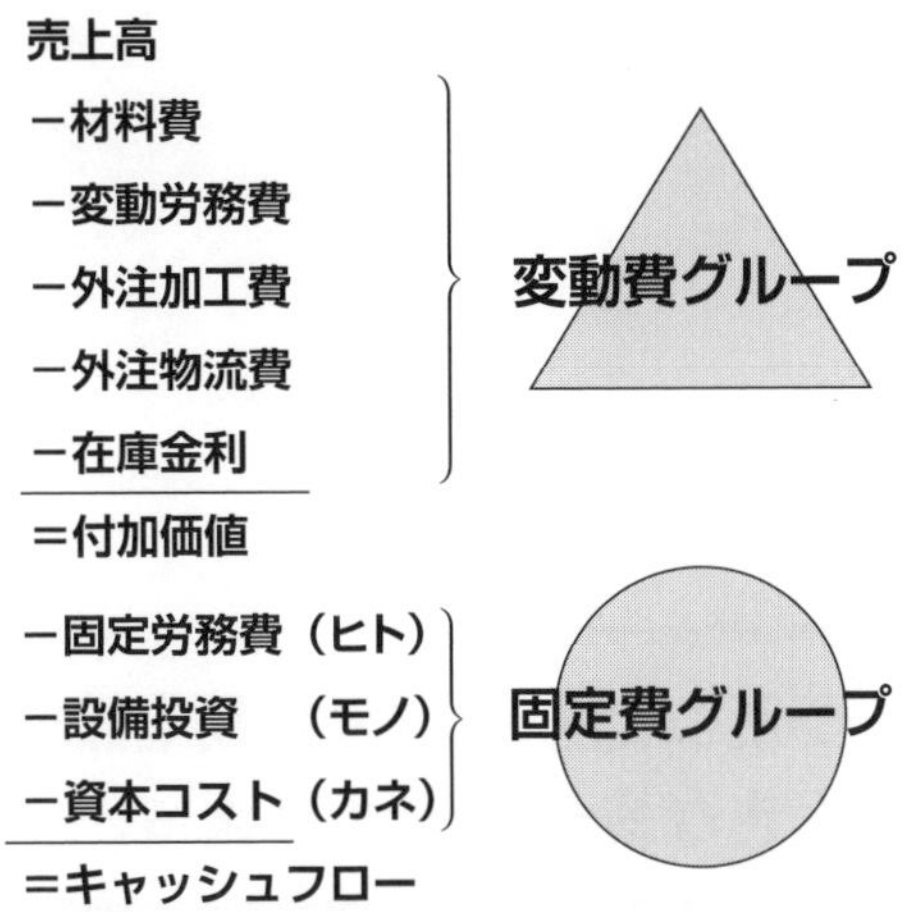

なぜなぜ 59

配送のムダ、会社でやっていませんか？

新しい勝負所を、新しい会計にきちんと組み込む

◆今まで物流は余計な活動と見做されがちでした。例えば、それまで無計画に垂れ流されてきた物流費を削減して事業の黒字化を目指そうとする事例があった場合、それが納期短縮に逆行し売価ダウンにつながってしまうリスクに注意しましょう（ケース1）。逆に、物流費を戦略的に増やして超短納期化を実現し、製品やサービスを差別化できるなら、ケース2のように

売価が回復できるかもしれません

物流や配送は、お客様との直接的な関わりによって新たな付加価値を生み出せる、新しい勝負どころなのです。

◆全体として何が価値の増大に繋がる／繋がらないは、①売価の変化や売上高の変化、②外注物流費の変化、③在庫金利の変化をそれぞれ会計的に見積った上で総合的に判断しなければなりません。全体として見れば新しい価値の創造に繋がる活動が、個々に見るとムダに見えてしまうということが、**「場当たり配送のムダ」**の怖さなのです。

ポイントBOX
バラバラだった各部門の活動を統合すれば大きな価値に繋がります

製造業の新しい勝負どころ

	A	B	C	D
1				
2		**現状**	**ケース 1**	**ケース 2**
3	売上高	100 億円	90 億円	120 億円
4	材料費	−70 億円	−70 億円	−70 億円
5	変動労務費	−6 億円	−6 億円	−6 億円
6	外注加工費	−6 億円	−6 億円	−6 億円
7	外注物流費	−9 億円	−6 億円	−14 億円
8	在庫金利	−1 億円	−1 億円	−1 億円
9	コスト合計	−92 億円	−89 億円	−97 億円
10	付加価値	8 億円	1 億円	23 億円
11			逆効果	
12			新しい価値の創造	
13				
14				
15				

なぜなぜ

60

手つかずの宝の山が見えてきましたか？

いつまでも7つのムダだけやっていてはいけない理由

◆製造業のサプライチェーンを辿り、5つのコスト拾い上げました（①材料費、②変動労務費、③外注加工費、④外注物流費、⑤在庫金利）。そして、それぞれのコストから発生するムダを概観してきました。ムダは工場内の変動労務費だけから発生するものではなく、サプライチェーン全体に存在するものだということがご理解いただけましたでしょうか？これらは、今まで手つかずのまま放置されてきた宝の山です。この

豊かな宝の山を放っておく手はありません！

◆かつての輝きを失って閉塞感が漂う日本の製造業ですが、やるべきことがたくさん見えてきたと思います。従来のカイゼンが取り組んできた「7つのムダ」が全く無意味なわけではありませんが、事業の全体をしっかり見渡した上で、これからカイゼン活動が何を目指し、何を優先すべきかについて再考してみる必要はあるでしょう。その時、

生産技術、生産技術者、生産技術部の位置づけも

当然に変わってくるはずです。

ポイントBOX　**日本の製造業には、手つかずの宝の山が膨大に眠っています！**

製造業の新しい可能性に目を向けよう！

売上高	
－材料費	… 宝の山！
－変動労務費	… 今までのカイゼン
－外注加工費	… 宝の山！
－外注物流費	… 宝の山！
－在庫金利	… 宝の山！
＝付加価値	
－固定労務費	… 宝の方！
－設備投資	… 宝の山！
―資本コスト	… 宝の山！
＝キャッシュフロー	

――――＜場当たり配送のムダ　～　チャンスを掴む！＞――――

製造業は「製造業」であるがゆえに、事業活動の主役は工場であり、物流配送は往々にして脇役でした。しかし昨今では「作る」という活動や製品それ自体では競争力が発揮できなくなる一方で、物流配送活動の重要性が増しています。なんといってもお客様に直接接するのが物流配送部門の活動です。これからは物流配送こそがカイゼンの新たなフィールドになっていくでしょう。物流配送部門が自らのコストや納期や生産性に直接責任を持つことはもちろんですが、組織的にも権限を強化し、工場から一方的に指示される立場ではなく、新たな価値創造の主役として工場に指示や要請が出せるようにしましょう。今までのような「工場ありき」の発想ではお客様の支持を失います。新しいチャンスも掴めません！

新しい会計

売上高	
－材料費	･･･①ゼロ在庫のムダ
－変動労務費	･･･②ムダ取りのムダ
－外注加工費	･･･③共倒れのムダ
－外注物流費	･･･④場当たり配送のムダ ★
－在庫金利	･･･⑤工場外無関心のムダ
＝付加価値	
－固定労務費	･･･⑥身分分断のムダ
－設備投資	･･･⑦会計不毛のムダ
－資本コスト	･･･⑧株主不在のムダ
＝キャッシュフロー	

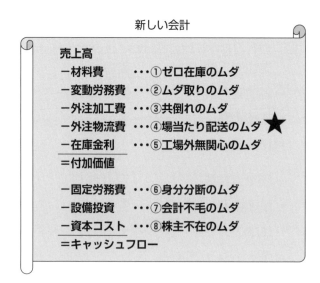

コラム⑥

日本的経営を覚えていますか？

今から約30年前、日本のモノづくりが輝いていた時代に「日本的経営」という言葉がありました。当時は従業員と会社が家族になるという感覚があり、終身雇用や年功序列などの制度を前提に会社は従業員の生活を手厚く保証し、従業員も愛社精神を発揮して自主的に頑張るというWIN—WINの関係が成り立っていたのです。世界的に有名な日本のカイゼンや7つのムダ取りも、こうした環境の中から生まれてきたものでした。

ところが、時代が「作る」から「創る」へと移った時、日本のモノづくりは間違った方向に舵を切りました。従業員をコストとして切り捨てる一方、自主的な頑張り（カイゼン）は要求し続けるというけじめのなさが悲劇を生みます。従業員はしらけて創造力を失い、カイゼン不正が広がりました。見かけだけのコストダウン、見かけだけの在庫削減、見かけだけの生産性向上…　そもそも自主的な頑張りは、指示も強要もできないものです。

時代は変わったのですから、これからは新しい日本的経営が必要です。

ヒトはコストですか？ 資源ですか？

コストならどうコストダウンし、資源ならどう生産性を伸ばしますか…
この難問に答えられるのは、最前線で戦う生産技術者の皆さんだけです。

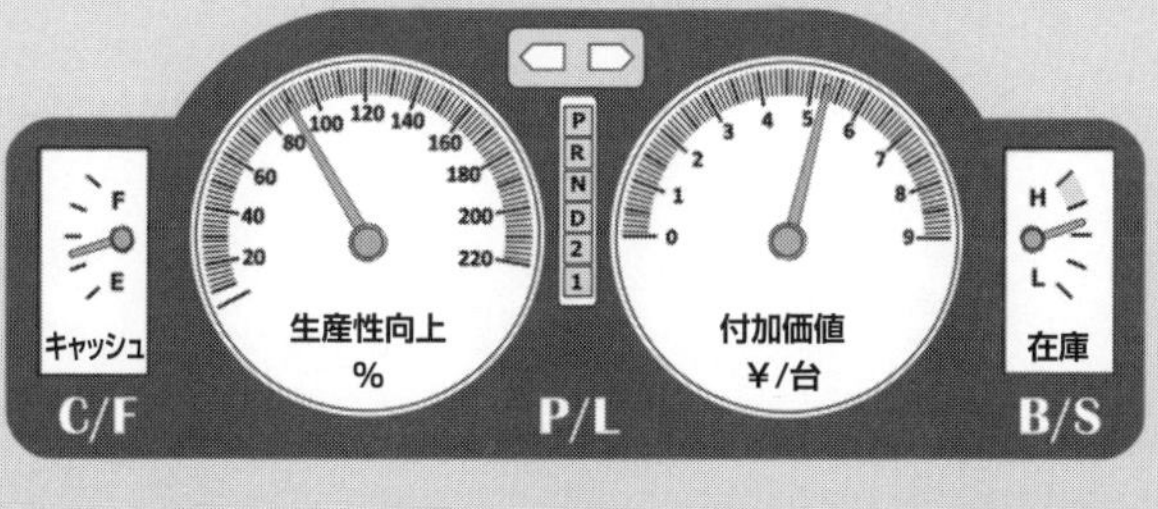

え、サボってる人がいる？

それは、ちゃんと仕事を任せてないからです。

サボりたい人なんて、本当はいません！

Ⅶ

身分分断のムダ
—ホワイトカラーの生産性が低すぎる！—

ブルーカラーがスケープゴートになり、
ホワイトカラーが遊んでいるなら、それはムダ

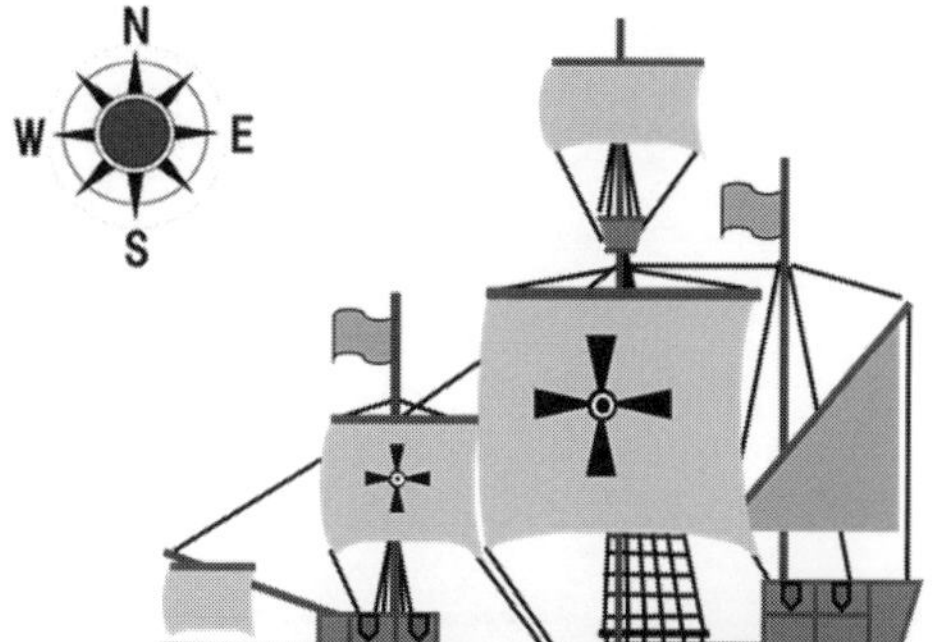

なぜなぜ 61

生産性って何ですか？どうやって測りますか？

生産性向上！と言われながら、その定義は曖昧だった

◆「当社の生産性は…」「日本の生産性は…」「もっともっと生産性を高めなさい！」

当たり前のように語られる生産性ですが、改めて、生産性とはいったい何でしょうか？どうすれば生産性が高まっていると言えるのでしょう？

実は、今まで生産性の定義は曖昧でした

曖昧なものを評価しカイゼンしていくことはできませんから、生産性とは何なのかということについて整理し、カイゼンの指標としての生産性の計算方法をしっかり確認しておかなければなりません。

◆「日本の生産性」という場合の計算式は「GDP（付加価値）÷労働人口」ですから、会社の生産性を計算する一法は「会社が稼いだ付加価値÷従業員数」でしょう。しかし事業活動では自社の労務費の水準を考慮し設定していく必要があるため、「付加価値÷労務費」が生産性を計算するための重要な基本式となります。

ポイントBOX **「付加価値÷○○」という計算で、○○の生産性が求まります**

生産性とは何か？

◆日本の生産性

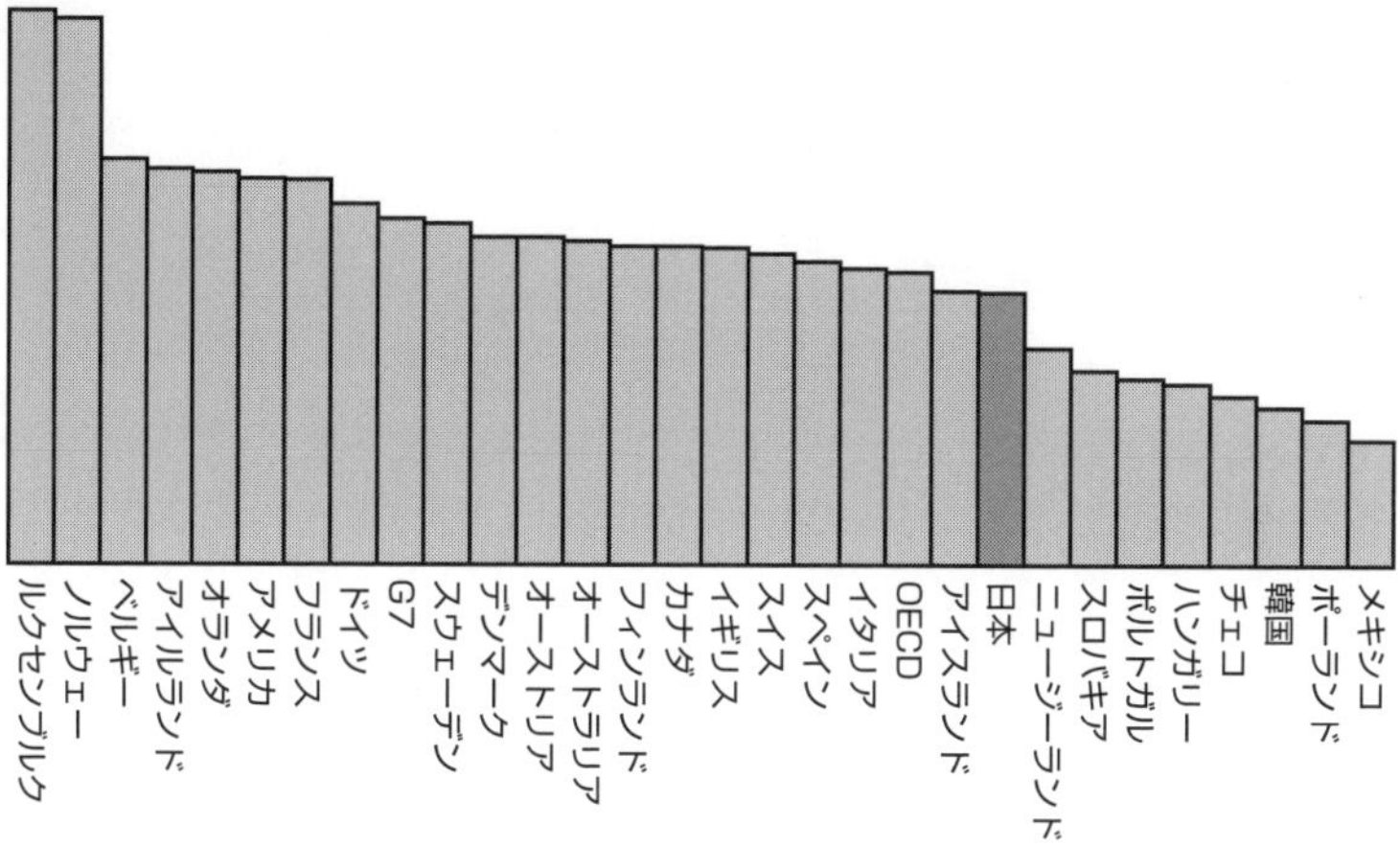

◆国の生産性

$$\text{生産性} = \frac{\text{GDP}}{\text{労働人口}}$$

◆会社の生産性

$$\text{生産性} = \frac{\text{付加価値}}{\text{労務費}}$$

なぜなぜ 62

まさか標準時間で生産性を測っていませんよね？

標準時間では生産性を向上させられない理由

◆従来の生産技術では標準時間で生産性を測るのが一般的でした。これは100年前に考案された「科学的管理法」に由来します。しかし、当時は時間の流れもゆっくりでしたが、今日は1分1秒を争う時代です。それに伴い多くの限界が見えてきました。

1つ目の限界は標準時間を適切に決められなくなったことです。例えば標準時間1台10分の製品を8分で組み立てれば20％の生産性向上という評価になるのが通例ですが、最初から甘めに標準時間を設定しておけば（例えば16分）

実態のない成果を簡単に作り出せてしまいます

◆でもさらに深刻な限界は付加価値を見てこなかったことでしょう。仮に組み立て時間が20％短縮しても付加価値も20％低下していたら生産性は向上していません。正しい生産性の指標は付加価値と固定費（例えば労務費）の比です。ここに標準時間は登場しません。

標準時間は社内で勝手に設定するもの

であり、真の生産性の基準にはならないのです。

ポイントBOX

従来の標準時間による方法では、生産性を適切に評価できません

悲しむべきカイゼンの現実

〈ケース1〉

標準時間　10分／台

カイゼン20%

生産実績　8分／台

〈ケース2〉

標準時間　16分／台

カイゼン50%

生産実績　8分／台

〈ケース3〉

標準時間　10分／台
付加価値　1000円／台

カイゼン0%

生産実績　8分／台
付加価値　800円／台

なぜなぜ 63

作業日誌とタイムカード、突合したことありますか？

タイムカードを見ないと生産性が管理できない理由

◆カイゼンで成果が報告されているのに、現場の状況も損益も何も変わらない… 実は、従来のカイゼンには生産性が良くなったように装うからくりがたくさんあったのです。これでは製造業を復活させられません。

✔ **作業日誌**をきちんと付けない　※1
✔ 一部の**作業日誌**を捨ててしまう　※1
✔ 直接作業を**間接作業**だと主張する　※2
✔ 不適切な**自動化**　※2
✔ 直接作業の**販管費**への付け替え　※2
✔ **固定費配賦**の操作　※2
✔ **標準時間**を、最初から甘くしておく　※3

※1　タイムカードと突合していれば、問題は生じません
※2　新しい原価計算を使えば、問題は生じません
※3　標準時間で生産性を評価しなければ、問題は生じません

ポイントBOX　タイムカードにまで注意を払わないと、カイゼンは茶番になります

両者は、たいてい一致しない！

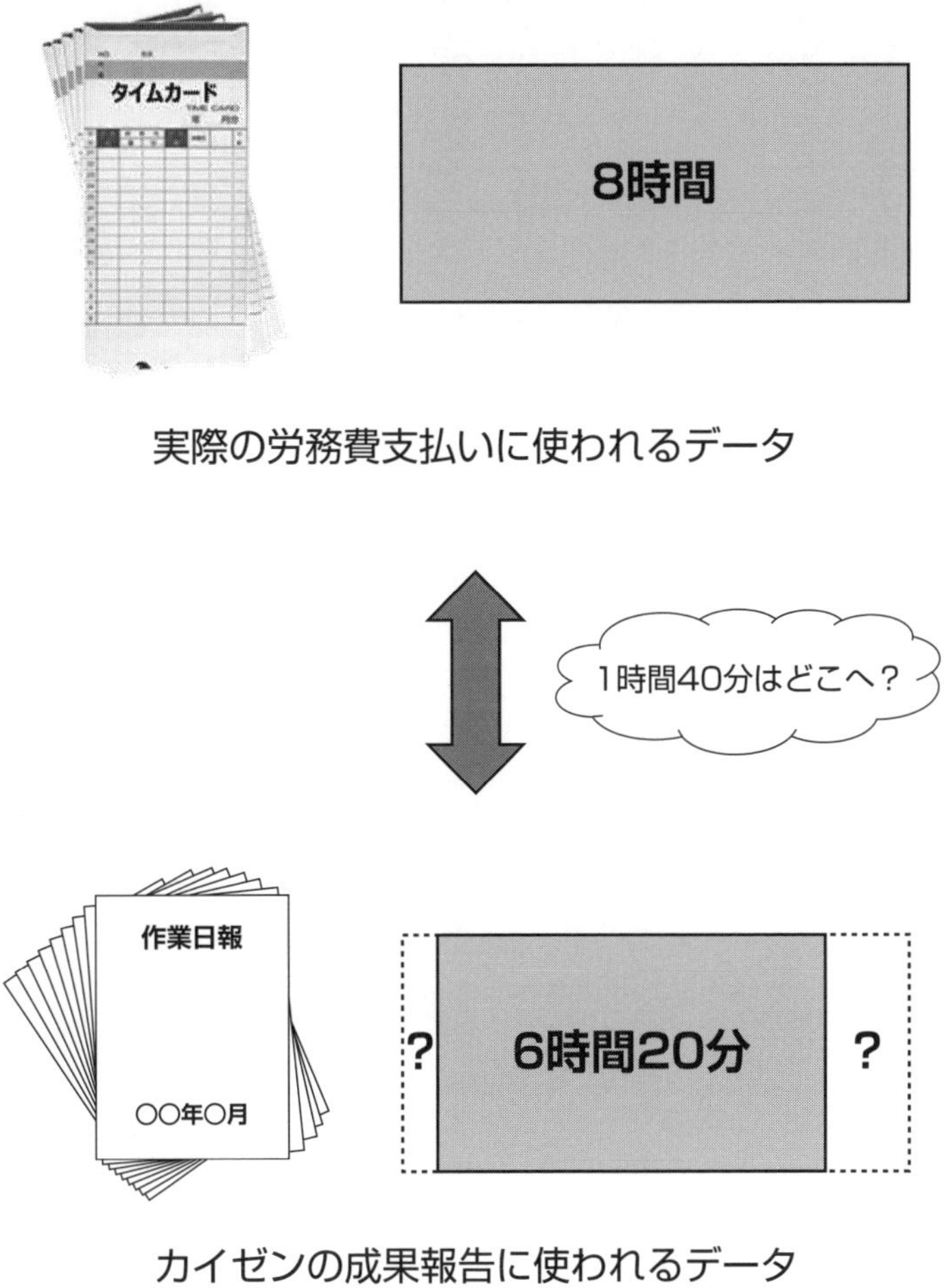

なぜなぜ 64

生産性を、きちんと「見える化」しませんか？

2つの生産性を管理する労務費生産性と時間生産性

◆しばしば「生産性を高めなさい！」と言われますが、現実にはほとんどの会社で生産性が見える化されていないので驚かされます。生産性を見える化するためには、

まず付加価値を見える化しなければなりません

付加価値を生み出す効率の良／否こそが生産性だからです。事業活動にとって最も根本的な生産性は「**労務費生産性**」ですが、様々な活動が上手くいっているかどうか判断するには「**時間生産性**」も大切です。

◆まず労務費生産性は、算出された付加価値を固定労務費で割ることで求められます。会社全体だけでなく、

部門別、個人別の生産性も計算してみましょう

生産性が低下している部門や個人があったら支援しなければなりません。次に、時間生産性は付加価値を勤務時間や特定の作業時間などで割ることで求められます。どちらの計算にも標準時間は使いません。

ポイントBOX
付加価値を見える化しなければ、生産性の評価は困難です

付加価値が見える化された損益計算の例

売上高	100
－材料費	70
－変動労務費	5
－外注加工費	8
－外注物流費	6
－在庫金利	1
＝付加価値	10
－固定労務費	2
－設備投資	3
－資本コスト	3
＝キャッシュフロー	2

10÷2＝5倍

3つの生産性

労務費生産性
＝付加価値÷固定労務費
＝10億円÷2億円
＝5倍

一人当たり生産性
＝付加価値÷人数
＝10億円÷40人
＝2500万円／人

時間生産性
＝付加価値÷勤務時間
＝10億円÷（2000時間×40人）
＝1.25万円／時

なぜなぜ 65

生産性にはどんなバリエーションがありますか？

会社の生産性～部門の生産性～個人の生産性

◆生産性の本質は、ある付加価値を、どれだけの資源を投入して実現できたかです。ここで言う資源とは、労務費・人数・時間などが想定されます。時間については総勤務時間や直接作業時間といった測定方法がありますが、労務費についても会社全体、部門全体、個人などに分解しそれぞれの生産性を定義することができます。いずれにしても

事業目標に応じた生産性を設定し、管理しなければなりません

◆生産性を管理することの意義は、①成果を見える化して生産性向上へのモチベーションを持たせること、②努力に対する正当な評価に繋げること、③生産性が伸び悩んでいる部門や個人を早期に発見して適切な支援をすること、などです。言うまでもなく、こうした

「見える化」はカイゼンの基本的な手法の1つです

生産性の伸び悩みは、会社の損益が悪化する前の早い段階で顕在化してくるので、手遅れにならずに適切な対策をすることができるのです。

ポイントBOX 付加価値さえ見えていれば、様々な切り口で生産性向上が図れます

様々な生産性（付加価値÷○○）

◆労務費当たりの生産性

$$\frac{\text{付加価値}}{\text{固定労務費}}$$

◆会社の生産性

$$\frac{\text{会社全体の付加価値}}{\text{会社全体の固定労務費}}$$

◆人数当たりの生産性

$$\frac{\text{付加価値}}{\text{人数}}$$

◆部門の生産性

$$\frac{\text{部門が貢献した付加価値}}{\text{部門全体の固定労務費}}$$

◆時間当たりの生産性

$$\frac{\text{付加価値}}{\text{時間}}$$

◆個人の生産性

$$\frac{\text{個人が関わった付加価値}}{\text{個人の固定労務費}}$$

なぜなぜ 66

ムダ取りで取ったムダを、どう活かしていますか？

人をコスト扱いすれば、自主的な人材は育たない

◆「ムダ取り」という言葉があります。従来の「7つのムダ取り」のターゲットは労務費でしたが、労務費には変動労務費と固定労務費があり、それぞれのあるべき管理方法が違うことに注意しなければなりません。

✔ **変動労務費の場合**：ムダ取りがコストダウンに直結します

✔ **固定労務費の場合**：正社員の場合、ムダ取りをしても手待ちを有効に活かさなければコストダウンにならず、何もしないのと同じです

◆その他にも、従来のムダ取りには幾つかの弊害がありました。

✔ **人をコスト扱い**することで、社員の自主性を本質的に破壊します。人は本当にコストなのでしょうか？

✔ **今日の活動**に100％ムダなく集中してしまったら、会社は明日滅びるかもしれません。創造と成長には一定の「ムダ」が必要だからです

✔ **そもそも何がムダなのか？** は目指す目標で変わってきます。いきなりムダ取りを始める前に、そもそも会社が何を目指して事業活動をしていくのかを、きちんと話し合っていましたか？

ポイントBOX **一定の「ムダ」がなければ、新しい価値を創造することはできません**

活かせなければ、意味がない

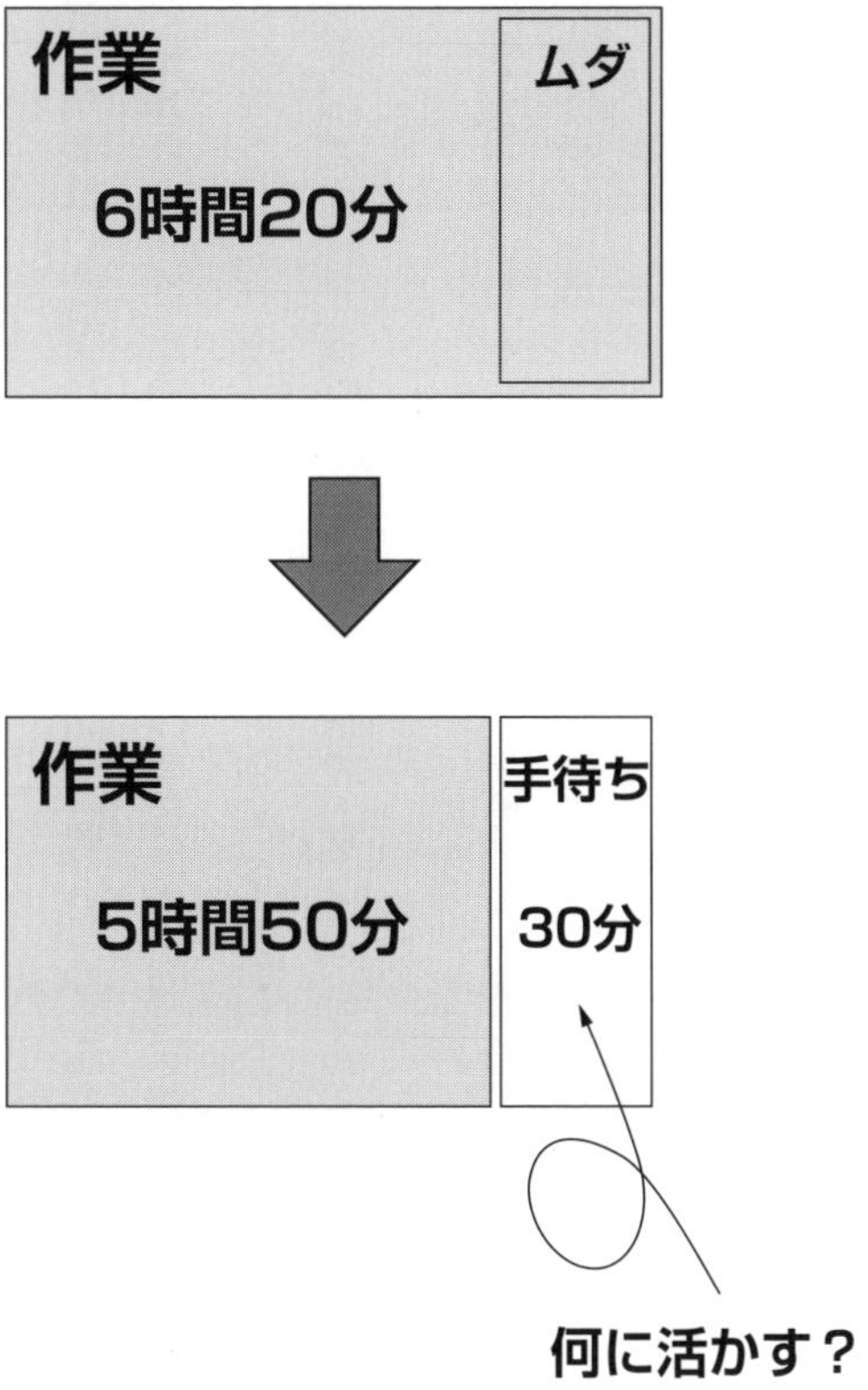

なぜなぜ

67

どうすれば、自発的な人材が育ちますか？

従業員を「作る」から「創る」へ誘導する仕組み

◆ムダを適切に作り出し（！）、新たな価値創造に振り向けていく方法について考えてみましょう。まず固定労務費の作業者の総勤務時間は作業日誌ではなくタイムカードで把握しなければなりません。**申告漏れ**を防ぐためです。他方、作業者には生産活動に直接参加しなかった時間（非生産時間）を申告させてください。同じ生産量を維持しつつ非作業時間の割合が増やせたなら作業者の時間生産性はカイゼンされたと言えるからです。

◆非作業時間には手待ち時間を含みません。申告された非作業時間が単なる手待ちではなく有効な創値創造活動であったかどうかについては会社がしっかり認定をしましょう。

本人のスキルアップや新人教育、高度な保全、製品開発への参加

などの創造的活動が認定されると想定されます。申告するほど会社から認められ、結果的に時間生産性もカイゼンされるので、作業者は頑張る動機と正しい申告をする動機を持ちます。他方、作業者が行き過ぎた非作業申告をすれば、次回の生産計画で人を減らされ自分の作業負荷を過大にしてしまうことになります。ですから申告は適正な水準でなされるでしょう。

ポイントBOX
非作業時間の申告を促して、作業者を「創る」に誘導しましょう

「作る」から「創る」への誘導

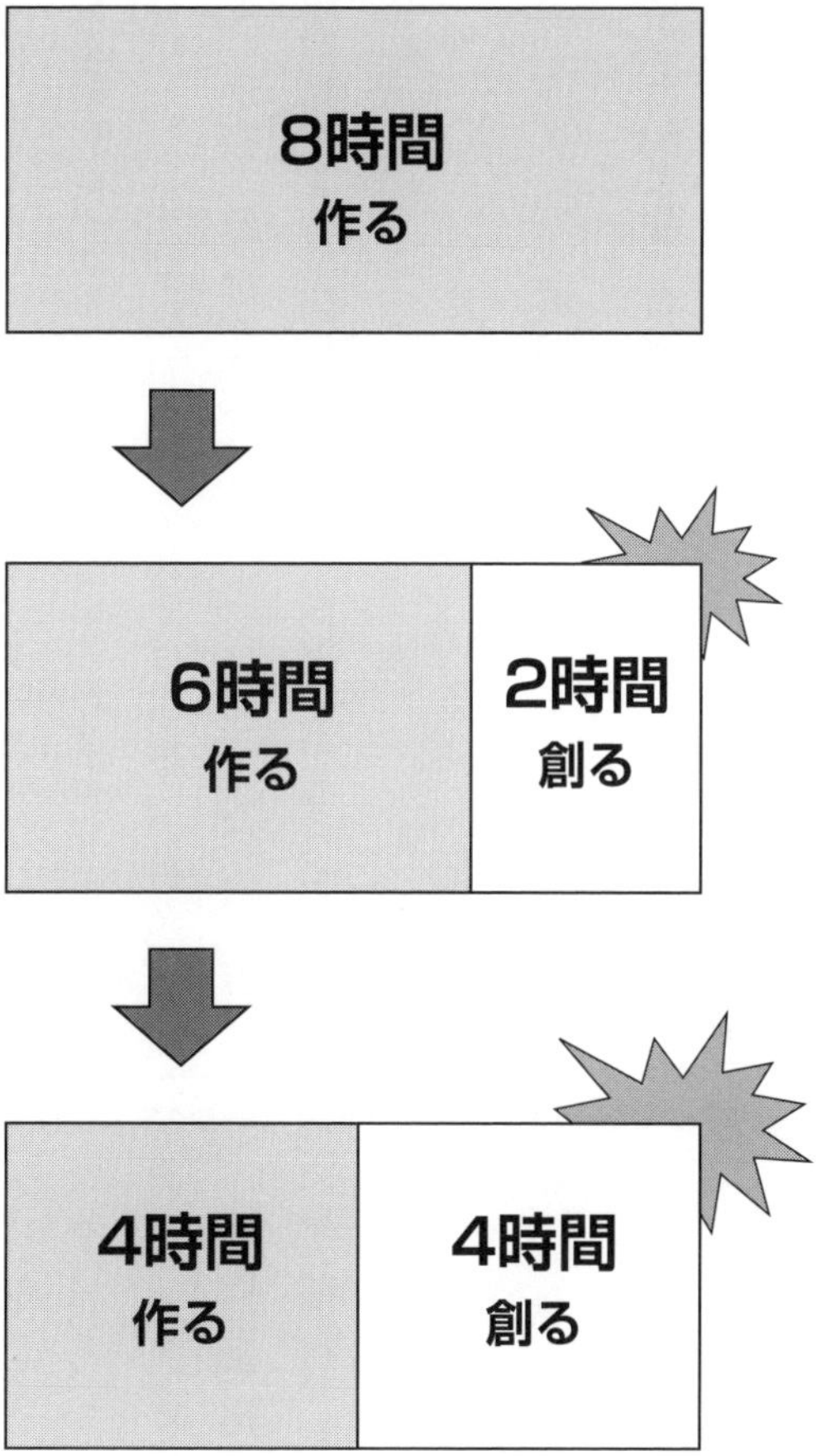

申告で一人一人の自発性を育てる

なぜなぜ 68

ホワイトカラーって、いったい誰のことですか？

ホワイトカラーの生産性が上がらないと嘆く前に

◆ブルーカラー／ホワイトカラーという言葉がありますが、それはどんな人を示す言葉でしょうか？　製造業なら、ブルーカラーは工場の作業者、ホワイトカラーは事務職というイメージがあるかもしれません。しかし近年では工場内の作業の標準化、自動化、スキルレス化が進んでいます。単純なオペレーションは非正規社員の方が担い（⇓**変動労務費**）、正社員（⇓**固定労務費**）の業務は、高度な生産機械の導入や保全、新製品の立ち上げ、納期短縮活動や品質向上活動などに移ってきました。

◆今やホワイトカラー（たとえば生産技術者）とブルーカラー（たとえば固定給作業者）の

業務内容はほとんど変わりません

もはやブルーカラーとホワイトカラーをわけて管理する必然性がないのです。工場内と工場外の関係者をわけて管理する必然性もありません。今日は、固定労務費を背負う全ての社員が、一致協力して新しい価値創造に貢献していく時代なのです。

ポイントBOX　**作る時代から創る時代に移行すれば全員がホワイトカラーです**

ブルカラーのホワイトカラー化

- ✔ 生産活動の自動化・標準化
- ✔ 生産活動のスキルレス化
- ✔ 高度な生産設備の導入への協力
- ✔ 全社で行う納期短縮のしくみ作り
- ✔ 全社で行う品質管理のしくみ作り
- ✔ 全社で行う新製品の立ち上げ

作ると創るは繋がっている

なぜなぜ

69

叩かれる人がいて、叩く人の生産性は上がりますか？

売上原価と販管費の分断が引き起こしてきた問題

◆ところで今日「財務会計」と呼ばれる古い会計は100年前にデザインされたものでした。それは100年前の社会情勢を色濃く反映した姿になっています。当時はブルーカラーとホワイトカラーの区別が明確で、激しい労使対立もありました。そのため財務会計も、ブルーカラー（工場作業者）を厳しく管理するのに適した形となっています。

◆しかし今日ではブルーカラーとホワイトカラーの業務は見分けが付かなくなりました。それにも拘わらず財務会計が両者を分断し続けてきたことが会計的な利益操作の原因にさえなってしまっています。また、この分断は、叩く人／叩かれる人という意識の差も作り出してきました。叩かれる人（スケープゴート）がいる限り叩く側の生産性は上がりません。

自発的な行動が育まれることもないでしょう

会社の最も重要な資源であるヒトの生産性を向上するには、全員の生産性を一体的に管理する仕組みや会計がどうしても必要なのです。

ポイントBOX **工場内／外を問わず、会社が一丸で頑張れる仕組みを作りましょう**

活動の分断は不正に繋がる

売上高

－売上原価

＝粗利

－販売費および一般管理費

＝営業利益

－営業外費用

＝経常利益

工場内の活動
ブルーカラーの労務費

操作

工場外の活動
ホワイトカラーの労務費

叩かれる人の存在が、叩く人の生産性を下げる

売上高

－売上原価

＝粗利

－販売費および一般管理費

＝営業利益

－営業外費用

＝経常利益

叩かれる人
工場内の活動

叩く人
工場外の活動

ZZZ…
ZZZ…
ZZZ…

なぜなぜ

70

身分分断のムダ、やってませんか？

叩かれる人がいる限り、叩く人の生産性は上がらない

◆世界はどんどん変わっています。かつての発展途上国からは手ごわいライバルが次々と現れています。自動化やロボット化やデジタル化で「作る」は誰でもできる作業になりました。それにもかかわらず、いつまでも古いカイゼンや「7つのムダ取り」に逃げ込んで工場だけを叩き、時代に背を向けていたのでは、本当に必要な「創る」がおろそかになります。それが**「身分分断のムダ」**の怖さの本質なのです。

◆製造業においてさえ「作る」という活動はビジネスの主戦場ではなくなりました。むしろその上流／下流に新しい可能性が広がっています。もはやブルーカラーとホワイトカラーを区別する意味はなく、固定給の正社員は全員がホワイトカラーです。そして生産技術者（改め、サプライチェーン・エンジニアと呼ぶべきでした！）の皆さんこそが「創る」をリードし、新しい製造業の成功モデルを創り上げなければなりません。

気合いと根性ではなく！

ポイントBOX **気合いと根性だけの生産技術者は、いつか失業してしまいます**

新しい競争力の源泉は何なのか？

- ✔ 勝負所のシフト（工場内から、サプライチェーン全体へ）
- ✔ 技術の普遍化（スキルレス化、自動化、誰でも作れる）
- ✔ AI とロボット（今後、人がやるべき仕事は何だろう？）
- ✔ 標準化の進展（逸脱は禁止され、カイゼンができない）
- ✔ 設備の高額化（設備投資には会計が不可欠になった）
- ✔ 作る→創る　（竹槍カイゼンで、人材が育つだろうか？）
- ✔ 人材の多様化（非正規、価値観、多国籍　etc.）

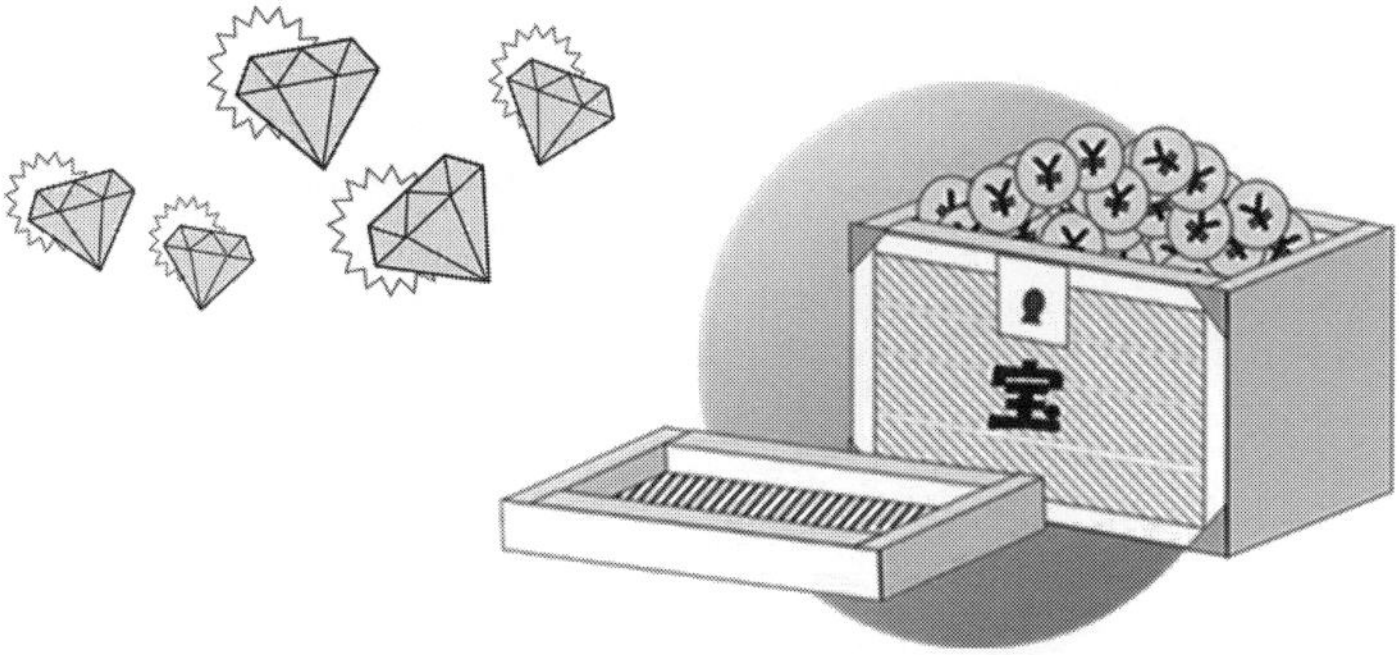

＜身分分断のムダ　～　人材を育てる！＞

近年の生産技術のコモディティ化、自動化などで「作る」という活動の価値は小さくなりました。それに伴い工場作業者（ブルーカラー）の活動と生産技術者（ホワイトカラー）の活動も見わけが付かなくなってきています。今や全員がホワイトカラーだというべきでしょう。しかし古いカイゼンや古い会計が工場内／外の活動を分断してきたために一部の作業者だけがスケープゴートになりがちで、肝心のホワイトカラーの生産性が低迷しています。しかし今日は全員で新しい価値を「創る」時代ですから、カイゼンも会計も進化しなければなりません。人材育成の第一歩は、全社の活動を一体化して生産性を見える化することです。パワハラしても人は育ちません。一定の資源（時間、予算）を任せ、結果をフィードバックし、必要な支援を行うことで人材は育つのです。

新しい会計

売上高
－材料費　・・・①ゼロ在庫のムダ
－変動労務費　・・・②ムダ取りのムダ
－外注加工費　・・・③共倒れのムダ
－外注物流費　・・・④場当たり配送のムダ
－在庫金利　・・・⑤工場外無関心のムダ
＝付加価値
－固定労務費　・・・⑥身分分断のムダ ★
－設備投資　・・・⑦会計不毛のムダ
－資本コスト　・・・⑧株主不在のムダ
＝キャッシュフロー

コラム⑦

やればできる？

事業が危機に陥りました。コストダウン決死隊が編成され、事業部長の前で宣言したそうです。

「30％コストダウンを必達します。私達はできませんとは言いません！」

そんな現場を途中から預かった私は、尋ねました。

「30％という目標を設定したからには、コスト内訳の把握と、それぞれの内訳別の目標値があったのだと思います。材料費／労務費／外注加工費はそれぞれいくらでしたか？　それぞれのコストダウン目標は何％だったのですか？　私も頑張りますのでご教示ください」

「コストの内訳？　そんなことはどうでもいいです。大切なのは、やりきる気があるか／ないかです。やる気でやれば何だってできます！」

その数日後、私は事業部長に呼び出されました。

「やる気のない者が決死隊の和を乱していると聞いたが、本当か？」

「いえ、決してそうではありません。本当に本気だからこそ、私はコストの内訳が知りたかったのです。コストの内訳がわからなければ目標を達成できませんし、目標が達成できたかどうかを知ることさえできません」

「君には失望だ。それが好都合だということが、どうしてわからないのだ！」

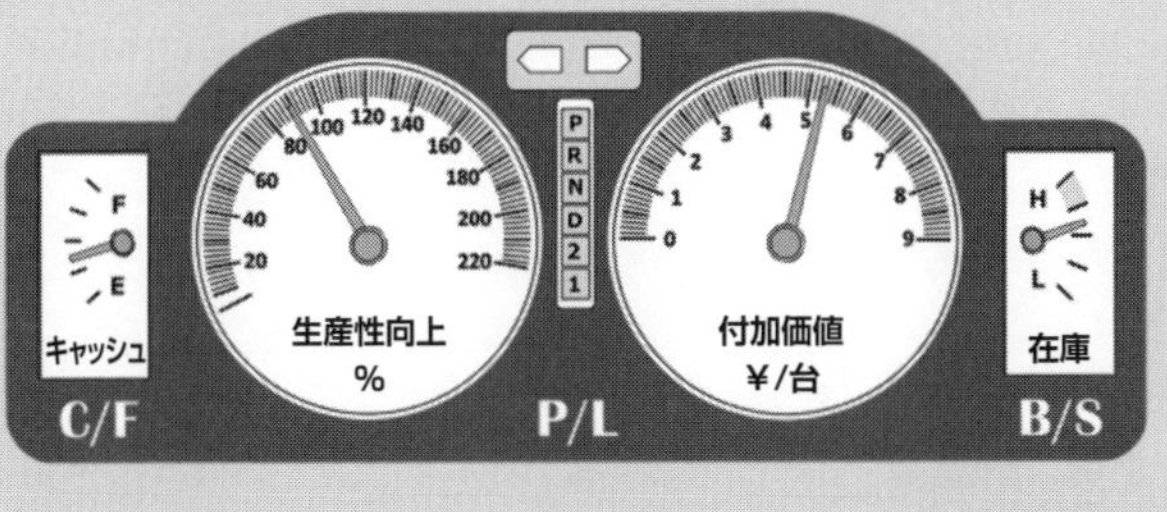

会計は、

人を惑わすためにあるのではありません。

人を導くためにあるんです。

VIII

会計不毛のムダ
—勘と気合の設備投資を卒業する！—

設備投資は小さな会社の設立と同じ。
設備投資で失敗すれば、挽回は不可能です。

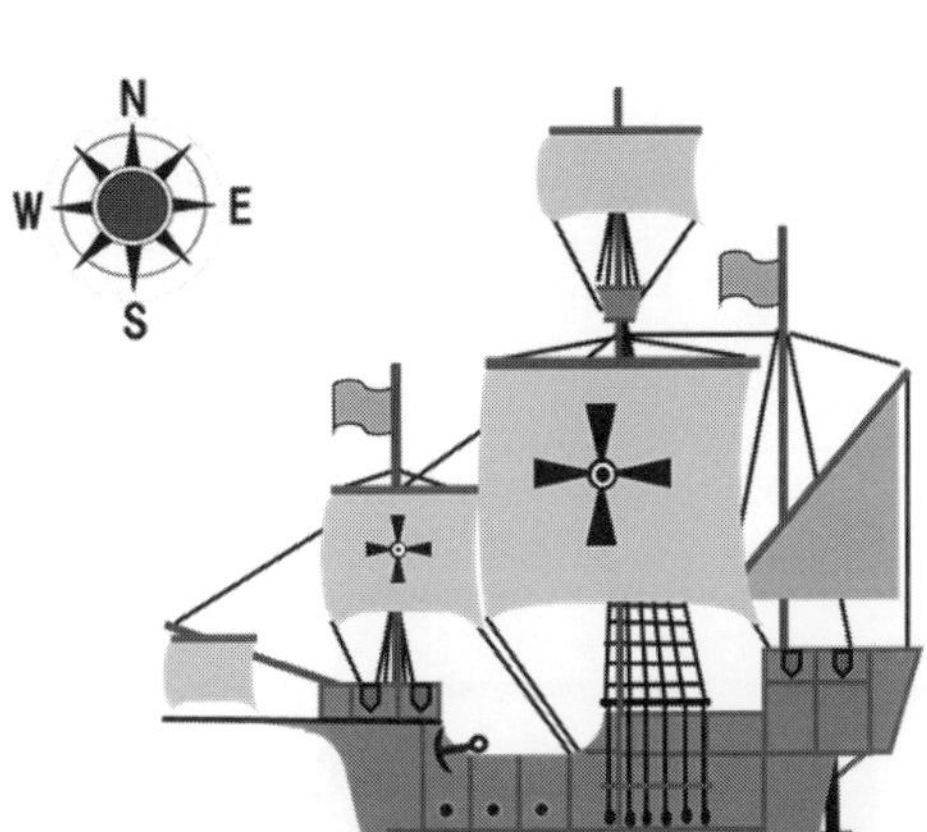

なぜなぜ 71

資本主義社会の掟とは、どんなものでしたか？

全ての株式会社は、資金の運用責任を負っている

◆株式会社の始まりは、大航海時代の冒険家や商人の活動でした。王様や貴族から預かった元手は、事業活動（航海）に投じられ、回収され、利子とともに王様や貴族に返済されたのです。元手と利子がきちんと返済できなければ死罪になることさえありました。株式会社もまた、資金提供者から元手を預かり、事業活動によって適切に運用し、期待されたリターンと共にきちんと返済をしなければなりません。

◆例えば、資金提供者がリターン10％を期待して株式会社に投資したお金は、1年後には110円（100円×110％）、2年後には121円（100円×110％×110％）と増えているはずです。これを会社の立場から見れば、資金提供者から預かった事業資金の資本コストが10％だった場合、1年後には110円、2年後には121円に増やせていなければなりません。資本コストが達成できなかった会社は死罪になる…

それが資本主義の掟です

ポイントBOX **資本コストの本質は、株式会社が預かっているお金の運用責任です**

株式会社の本質に立ち返る

	A	B	C	D
1				
2	**資金提供者**			
3	運用期待	元手	１年後	２年後
4	10％	100円	110円	121円
5				
6				
7	**会社**			
8	運用責任	設備投資	１年後	２年後
9	10％	100円	110円	121円
10				
11				

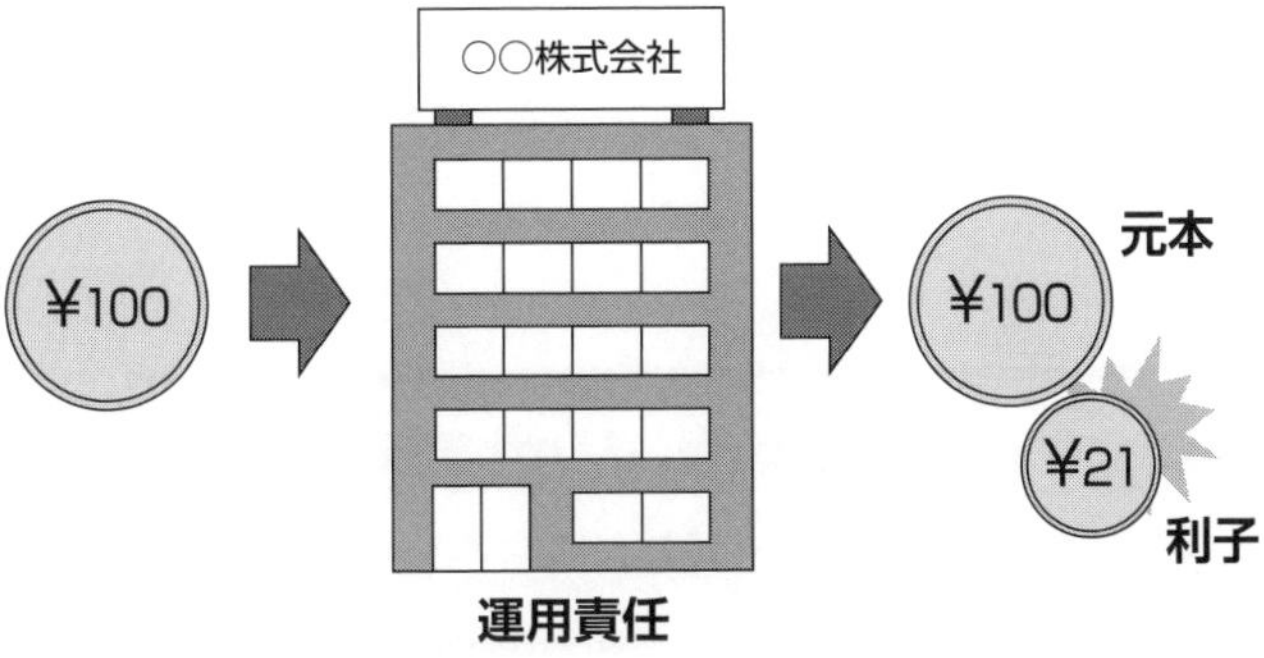

なぜなぜ 72

割引計算の意味って、説明できますか？

手許の100円と、未来の100円が同じでない理由

◆ある株式会社が、運用責任10％で資金提供者からお金を預かった場合、そのお金は様々なプロジェクトに投下され、1年後には110円（＝100円×110％）、2年後には121円（＝100円×110％×110％）に増やされなければなりません。この運用責任10％が「資本コスト」と呼ばれるものです。言い換えると、資本コスト10％を背負っている会社が、あるプロジェクトを実施して2年後に121円回収できる見込みがある場合、そのプロジェクトに今投入してよいお金は100円以下ということです。

◆同様に考えて、2年後に回収できる見込み額が100円のプロジェクトがあるなら、今投入して良いお金は83円（＝100円÷110％÷110％）以下ということになります。

こうした計算を割引計算と呼びます

「2年後の100円を、資本コスト10％で**割り引く**と83円になる」

「資本コストが10％なら、2年後の100円の**現在価値**は83円である」

こんな風に表現されます。

ポイントBOX **難しげな会計用語などに惑わされず、本質をしっかり理解してください**

勘と気合では責任を果たせない。
回収期間法でもダメ

	A	B	C	D	
1					
2					
3	運用責任	設備投資	1年後	2年後	
4	10％	100円	110円	121円	
5					
6					
7	運用責任	設備投資	1年後	2年後	
8	10％	83円	91円	100円	
9					
10					
11					

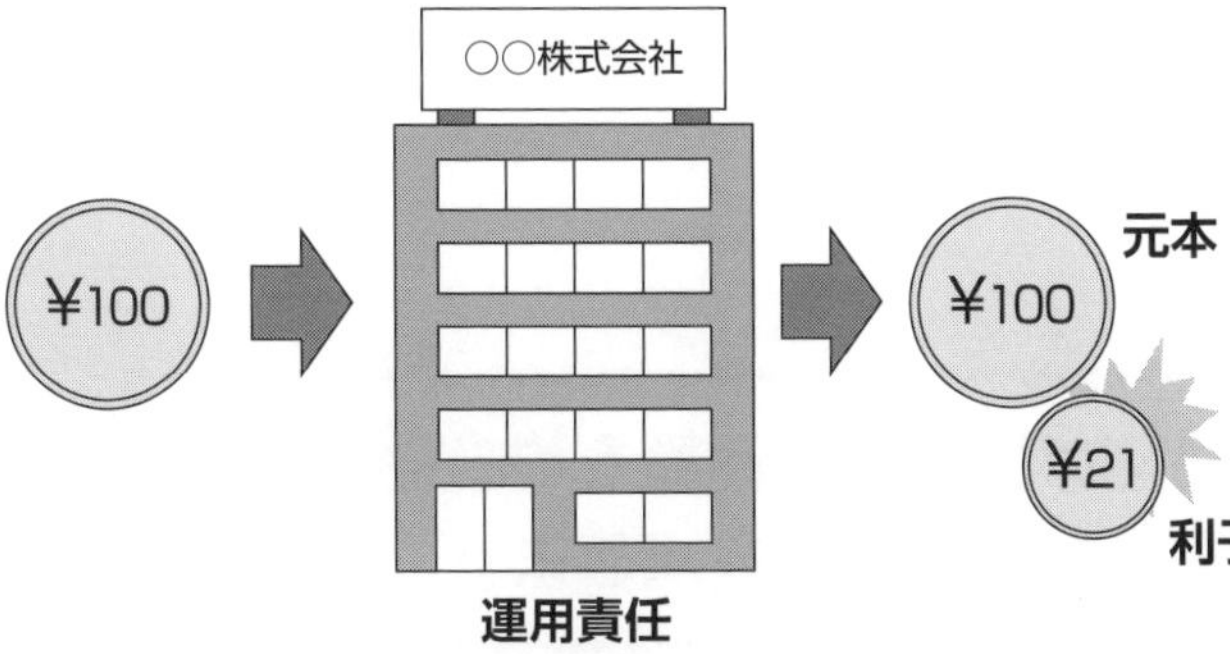

なぜなぜ 73

この計画にいくら投資してよいかわかりますか？

この計算ができなければ、株式会社の名に値しない

◆資本コスト10%を背負う会社に、２年後の回収見込み額が１００円の設備投資計画があるとします。この時、この計画に今投じてよい金額は、２年後の１００円の現在価値83円（＝１００円÷１１０％÷１１０％）以下となります。

◆練習のためもう少し複雑な状況を想定しましょう、1年後の回収見込み額が50円、２年後の回収見込み額も50円の設備投資計画がある場合、この計画に今投じてよい金額は86・8円以下です。これは1年後の50円の現在価値45・5円（50円÷１１０％）と、２年後の50円の現在価値41・3円の（50円÷１１０％÷１１０％）の合計です。この状況を

「この計画の現在価値は86・8円である」

と表現します。

◆実際の設備投資計画では、回収額がいきなり出てくるのではなく、設備投資による各年の売上高の増減とコストの増減の差額として回収額が求まることになるでしょう。その場合も計算方法は同じです。

ポイントBOX 毎年の回収見込み額を現在価値に換算し、その合計を求めます

今、この計画に何円投資して良いか？

	A	B	C	D
1				
2	運用責任	現在	1年後	2年後
3	10％	83円 ←	←	100円

	A	B	C	D
1				
2	運用責任	現在	1年後	2年後
3	10％	45.5円 ←	50円	
4	10％	41.3円 ←	←	50円
5	合計	86.8円		

	A	B	C	D
1				
2		現在	1年後	2年後
3	売上高増		120円	120円
4	コスト増		70円	70円
5	回収額		50円	50円
6				
7	運用責任	現在価値		
8	10％	45.5円 ←	(1年後 50円より)	
9	10％	41.3円 ←		(2年後 50円より)
10	設備投資許容額	86.8円		

なぜなぜ

74

NPV関数、使ってますか？

現在価値の計算は、NPV関数を使えばとても簡単

◆実際に様々な設備投資計画をシミュレーションする場合、全てを手計算していたのでは大変です。そんな時は

表計算ソフトに組み込まれた世界標準の関数

を上手に使いましょう。左図の例では、まず各年の付加価値の増加額を求め、それから各年の固定費の増加額を減じることで、各年のキャッシュ（手元のお金）の回収額を求めています。各年のキャッシュの回収額（キャッシュフロー）が求まったら、NPV関数で現在価値を求めます。

◆資本コスト10％の会社に、キャッシュ回収見込み額が1年後70円、2年後90円の計画があった場合、計画全体の現在価値は138円と求まりました。ですから138円の設備投資を行えばピッタリ10％の運用責任を果たせます。仮に138円を超える金額を投資してしまうと資金を回収しきれません。逆に138円を下回る設備投資でこの計画を達成できるなら、差額分だけ会社の価値を高めることになります。

ポイントBOX 計画から回収できるお金の現在価値が、設備投資の許容額です

NPV 関数を使えば計算は簡単

	A	B	C	D	E
1					
2	運用責任				
3	10％				
4					
5		**現在**	**1 年後**	**2 年後**	
6	売上高増		500 円	600 円	
7	コスト増		−400 円	−480 円	
8	付加価値増		100 円	120 円	
9					
10	固定費増		−30 円	−30 円	
11	キャッシュ回収額		70 円	90 円	
12		現在価値			
13	割引計算	63.6 円 ←	(C11)		
14	割引計算	74.4 円 ←		(D11)	
15	設備投資許容額	138 円			
16		↕			
17		↕	**同じ結果になる**		
18	設備投資許容額	138 円	=NPV(A3, C11 : D11)		
19					
20					
21					
22					

なぜなぜ 75

正味現在価値法（NPV）で投資判断できますか？

回収キャッシュフローの現在価値と設備投資額を比較

◆前回、資本コスト10％の会社に、1年後のキャッシュ増加額70円、2年後のキャッシュ回収額90円の設備投資計画があった場合を考えました。さらに今回は3年後の設備売却による収入が10円見込まれるとしましょう。ＮＰＶ関数を用いて計算した結果、キャッシュフロー全体の現在価値は１４６円と求まりました。これが設備投資してよい金額の上限額です。

◆今、会社は機械メーカーから3つの機種を提案されています。Ａ案（１４０円）、Ｂ案（１４６円）、Ｃ案（１５０円）です。Ａ案を実施すれば設備投資額は設備投資許容額より６円安いので会社に６円が残り、その分会社の価値が増えます。ですから判断は「ＧＯ」です。逆にＣ案では回収額が４円不足します。その分会社の価値は小さくなりますから判断は「ＮＧ」です。これが正味現在価値法による判断です。残りのＢ案ではプラスマイナスゼロですから会社に何も残らず実施しないのと同じです。

もっと価値が高まるよう計画を見直してみましょう

ポイントBOX **正味現在価値がプラスなら、やってみる価値があると判断できます**

これが正味現在価値法

	A	B	C	D	E	
1						
2	運用責任					
3	10％					
4						
5		現在	1年後	2年後	3年後	
6	売上高増		500円	600円		
7	コスト増		−400円	−480円		
8	付加価値増		100円	120円		
9						
10	固定費増		−30円	−30円		
11	設備投資額	−？円				
12	設備売却見込				10円	
13	キャッシュフロー	−？円	70円	90円	10円	
14						
15	設備投資許容額	146円	=NPV(A3，C13：E13)			
16						

	投資許容額	設備投資額	正味現在価値	判断
A案	146円	−140円	＝　6円	GO
B案	146円	−146円	＝　0円	(GO)
C案	146円	−150円	＝▲10円	NG

なぜなぜ 76

内部収益率法（IRR）で投資判断できますか？

内部収益率こそ、株式会社における意思決定の本命

◆前回検討したA案の正味現在価値は6円、B案は0円、C案はマイナス10円でした。A案のように正味現在価値がプラスになっている場合、更に高い資本コストを背負っても大丈夫そうです。そこで順次に資本コストを増やしてみると、13％で正味現在価値がぴったりゼロになりました。

資本コスト　10％⇓　正味現在価値　6円

資本コスト　13％⇓　正味現在価値　0円

これはA案が、この会社の資金提供者の運用期待である10％を上回って13％の資本コストまで担えることを意味しています。これを、

「この計画の内部収益率が13％である」と表現します。

◆内部収益率の計算も実際にやってみると案外と面倒臭いものですが、表計算ソフトに組み込まれているIRR関数を使えば計算は簡単です。こうして計算された内部収益率が会社の資本コストを超えられそうかどうかで意思決定する方法を内部収益率法と呼びます。

ポイントBOX　**内部収益率を計算し、それが資本コストを超えていたら「GO！」**

A案の内部収益率

	A	B	C	D	E
1					
2		現在	1年後	2年後	3年後
3	売上高増		500円	600円	
4	コスト増		−400円	−480円	
5	付加価値増		100円	120円	
6					
7	固定費増		−30円	−30円	
8	設備投資額	−140円			
9	設備売却見込				10円
10	キャッシュフロー	−140円	70円	90円	10円
11					
12	内部収益率	13％	=IRR(B10：E10)		
13					

	正味現在価値	判断	内部収益率	判断
A案	6円	GO	13％	1位
B案	0円	(GO)	10％	2位
C案	▲10円	NG	8％	NG

※判断基準となる資本コストは10％とする

なぜなぜ 77

IRR関数の使い方、わかりましたか？

キャッシュの増減を見積り、IRR関数を適用するだけ

◆内部収益率法のやり方をマスターしましょう。まず、あるプロジェクトの実施によって見込まれる①売上高の増減、②コストの増減を計算シートに記入し、両者の差額で求まる付加価値（利益のようなもの）の増減を求めます。次に、③固定費（特に固定労務費を忘れずに！）の増減、④設備投資に関わるお金の出、⑤設備売却に関わるお金の入を記入して、各年のキャッシュフローの最終的な増減額を求めます。このキャッシュフローにIRR関数を適用すれば内部収益率が求まります。

◆内部収益率が求まったら、会社の資本コストと比較しましょう。

資本コストは経理部の方が計算しているはずです

内部収益率が会社の資本コストを上回ったら計画はGO／下回ったらNGです。株式会社が資金の運用責任を負う存在である以上、内部収益率による判断が経営の基本です。もし設備投資に失敗すれば、それは事後的なカイゼンでは全く挽回できませんから、くれぐれも注意してください。

ポイントBOX
ここで失敗したら挽回は不可能、それが「会計不毛のムダ」です

設備投資の意思決定

	A	B	C	D	E	
1						
2		現在	1年後	2年後	3年後	
3	売上高増		500円	600円		売上高の増減
4	コスト増　材料費		−300円	−360円		コストの増減
5	変動労務費		−100円	−120円		
6	外注加工費					
7	外注物流費					
8	在庫金利					
9	付加価値増減		100円	120円		差引
10						
11	固定労務費増		−30円	−30円		固定費の増減
12	設備投資額	−100円	−40円			設備投資
13	設備売却見込				10円	
14	キャッシュフロー	−100円	30円	90円	10円	差引
15						
16	内部収益率	15％	=IRR(B14：E14)			IRR関数
17						

①売上高の増減を記入する
②コストの増減を記入する
} 付加価値の増減を求める

↓

③固定費の増減を記入する
④設備投資のお金の出入りを記入する
} キャッシュフローを求める

↓

IRR関数で内部収益率を求める

↓

資本コストと比較し、GO/NGを判断する

なぜなぜ 78

会計不毛のムダ、そろそろ卒業しませんか？

関数を使えば、正味現在価値法・内部収益率法は簡単

◆ここにA案、B案という2つの設備投資プロジェクトがあります。

A案：設備投資119円
キャッシュフローは、1年目70円、2年目90円

B案：設備投資60円
キャッシュフローは、1年目36円、2年目56円

どちらが有利なプロジェクトでしょうか？　正味現在価値法と内部収益率法で比較してみましょう。会社の資本コストは10％とします。正味現在価値法では同じ価値になりますが、内部収益率法ではB案が有利となりました。ですからB案を実施しましょう。

こうした検討は勘や回収期間法ではできません

NPV関数やIRR関数を使って正しい比較をしてください。

計算結果

	正味現在価値	内部収益率
A案	19円（GO）	21％（GO）
B案	19円（GO）	31％（GO）

ポイントBOX
設備投資はやり直しが効きません。特に慎重な検討が必要です

正味現在価値法と内部収益率法の比較

A 案

	A	B	C	D	E
1					
2		現在	1 年後	2 年後	
3	付加価値増		70 円	90 円	
4	設備投資	－119 円			
5	保全費				
6	キャッシュフロー	－119 円	70 円	90 円	
7					
8	総合収支	41 円			
9	内部収益率	IRR(B6：D6)＝21 %			
10	正味現在価値	NPV(10 %，C6：D6)＋(B6)＝19.0 円			
11					

B 案

	A	B	C	D	E
1					
2		現在	1 年後	2 年後	
3	付加価値増		70 円	90 円	
4	設備投資	－60 円			
5	保全費		－34 円	－34 円	
6	キャッシュフロー	－60 円	36 円	56 円	
7					
8	総合収支	38 円			
9	内部収益率	IRR(B6：D6)＝31 %			
10	正味現在価値	NPV(10 %，C6：D6)＋(B6)＝19.0 円			
11					

（A案・B案の内部収益率 → 違う）

なぜなぜ 79

正味現在価値と内部収益率の使いわけは？

正味現在価値法は規模、内部収益率法は効率の評価

◆ところで正味現在価値法と内部収益率法はどのように使いわけたらよいのでしょうか？両者の違いを理解するために、先のA案と、A案の10倍規模のA2案という2つのプロジェクトを比較してみましょう。

A案　：内部収益率**21%**、正味現在価値**19円**のプロジェクト

A2案：内部収益率**21%**、正味現在価値**190円**のプロジェクト

◆両案とも内部収益率は21％で、会社が約束した運用責任である資本コスト10％を超えています。正味現在価値もプラスですから実施する価値はありそうです。両案を比較すると、A2案の数字は全てA案の10倍ですから正味現在価値も10倍になりました。しかし、内部収益率は21％のままです。このことから、

✔ 正味現在価値法（NPV法）は、資金の**「運用規模」**の評価

✔ 内部収益率法（IRR法）は、資金の**「運用効率」**の評価

をしていることがわかります。

ポイントBOX

会社が資金運用責任を果たすために必要なのは内部収益率法です

規模と効率の比較

A 案

	A	B	C	D	E
1					
2		現在	1 年後	2 年後	
3	付加価値増		70 円	90 円	
4	設備投資	−119 円			
5	保全費				
6	キャッシュフロー	−119 円	70 円	90 円	
7					
8	総合収支	41 円			
9	内部収益率	IRR(B6：D6)＝21 %			
10	正味現在価値	NPV(10 %，C6：D6)＋(B6)＝19.0 円			
11					

A2 案

	A	B	C	D	E
1					
2		現在	1 年後	2 年後	
3	付加価値増		700 円	900 円	
4	設備投資	−1190 円			
5	保全費				
6	キャッシュフロー	−1190 円	700 円	900 円	
7					
8	総合収支	410 円			
9	内部収益率	IRR(B6：D6)＝21 %			
10	正味現在価値	NPV(10 %，C6：D6)＋(B6)＝190.0 円			
11					

（両案の内部収益率は）同じ

なぜなぜ 80

正味現在価値と内部収益率が逆転したら?

評価が食い違ったら、内部収益率法の結果を優先する

◆正味現在価値法による評価結果と内部収益率法による評価結果が逆転してしまうことがありますが、そんな時は内部収益率法の評価を優先して下さい。その理由を理解するため、以下の比較をしてみましょう。

C案：内部収益率18・62%、正味現在価値15・03円のプロジェクト
D案：内部収益率13・18%、正味現在価値20・74円のプロジェクト

内部収益率法で見るとC案が有利、正味現在価値法で見るとD案が有利です。ここでD案はC案の設備投資の4倍の規模のプロジェクトなのでC案を4倍してD案と同じ規模にそろえたC2案を作ってみましょう。

C2案：内部収益率18・62%、正味現在価値60・11円

C2案はD案より遥かに有利だとわかります。D案を実施する資金があるなら、その資金はC2案にこそ投じられ運用されるべきなのです。

ポイントBOX
内部収益率法で意思決定をするのが、株式会社のあるべき姿です

正味現在価値法と内部収益率法の逆転

C 案

	A	B	C	D	E	F	
1							
2		現在	1 年後	2 年後	3 年後		
3	付加価値増		50 円	46 円	42 円		
4	設備投資	−100 円					
5	キャッシュ増減	−100 円	50 円	46 円	42 円		
6	内部収益率	IRR(B5：E5)＝18.62 %					GOOD!
7	正味現在価値	NPV(10 %, C5：E5)＋(B5)＝15.03 円					
8							

D 案

	A	B	C	D	E	F	
1							
2		現在	1 年後	2 年後	3 年後		
3	付加価値増		200 円	180 円	120 円		
4	設備投資	−400 円					
5	キャッシュ増減	−400 円	200 円	180 円	120 円		
6	内部収益率	IRR(B5：E5)＝13.18 %					
7	正味現在価値	NPV(10 %, C5：E5)＋(B5)＝20.74 円					GOOD!
8							

C2 案

	A	B	C	D	E	F	
1							
2		現在	1 年後	2 年後	3 年後		
3	付加価値増		200 円	184 円	168 円		
4	設備投資	−400 円					
5	キャッシュ増減	−400 円	200 円	184 円	168 円		
6	内部収益率	IRR(B5：E5)＝18.62 %					GOOD!
7	正味現在価値	NPV(10 %, C5：E5)＋(B5)＝60.11 円					GOOD!
8							

＜会計不毛のムダ　～　進化の時！＞

設備投資は事業活動の始まりです。そのための資金調達とプロジェクトの実行は小さな株式会社の設立そのものです。設備投資で失敗すればカイゼンでは挽回できません。NPV 関数や IRR 関数を駆使して力強い事業を創っていきましょう。そして株主をはじめとする資金提供者（それは年金や退職金を運用する私達自身のことでもあるのですが…）の期待にしっかり応えていかなければなりません。実は、そのために作り出された最強の経営ツールが B/S や P/L でした。カイゼンだって B/S や P/L なしにはできません。もし B/S や P/L が使い難いなら、それもカイゼンしてしまいましょう。それが新しい時代を生き抜く生産技術者の使命なのです。厳しい時代になりましたが大丈夫です。きっと未来は開けます！

新しい会計

売上高
－材料費　・・・①ゼロ在庫のムダ
－変動労務費　・・・②ムダ取りのムダ
－外注加工費　・・・③共倒れのムダ
－外注物流費　・・・④場当たり配送のムダ
－在庫金利　・・・⑤工場外無関心のムダ
＝付加価値

－固定労務費　・・・⑥身分分断のムダ
－設備投資　・・・⑦会計不毛のムダ ★
－資本コスト　・・・⑧株主不在のムダ
＝キャッシュフロー

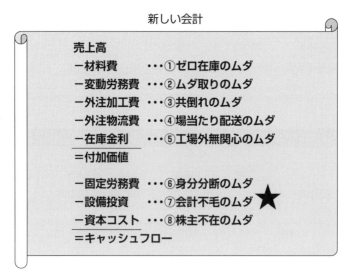

コラム⑧

創造業への道程

ロボット、自動機、標準化、AI…　様々な技術革新によって「作る」の時代が終わり、世界の製造業は投資業へ、さらには創造業へと進化していこうとしています。この進化に、日本の生産技術者はついていけているのでしょうか？

近年、設備投資が高額化しました。しかも多くの場合、自動機です。ですから計画で失敗すると事後的なカイゼンでは全く挽回できません。そんな投資業の時代を生き抜くには会計力が不可欠です。とりわけ内部収益率法の理解は避けて通りません。しかしながら、今まで内部収益率法を使っている生産技術者に一度も会ったことがないのです。「日本の生産技術がやばい…」そんな思いが、この本を書き始めたきっかけでした。

でも、日本のモノづくりが本当に目指すべきは、さらにその先の創造業でしょう。創造業の時代に勝ち残るには、創意と自主性のある人材を育てていかなければなりません。そんな人材（資源）を育てるには生産性を評価する仕組みと、ある種の「ムダ」が必要です。なぜなら、今日の業務に完全に集中してしまったら、明日の創造などあり得ないからです。日々、厳しい状況下で戦う生産技術者の皆さんのお考えは、いかがでしょうか？

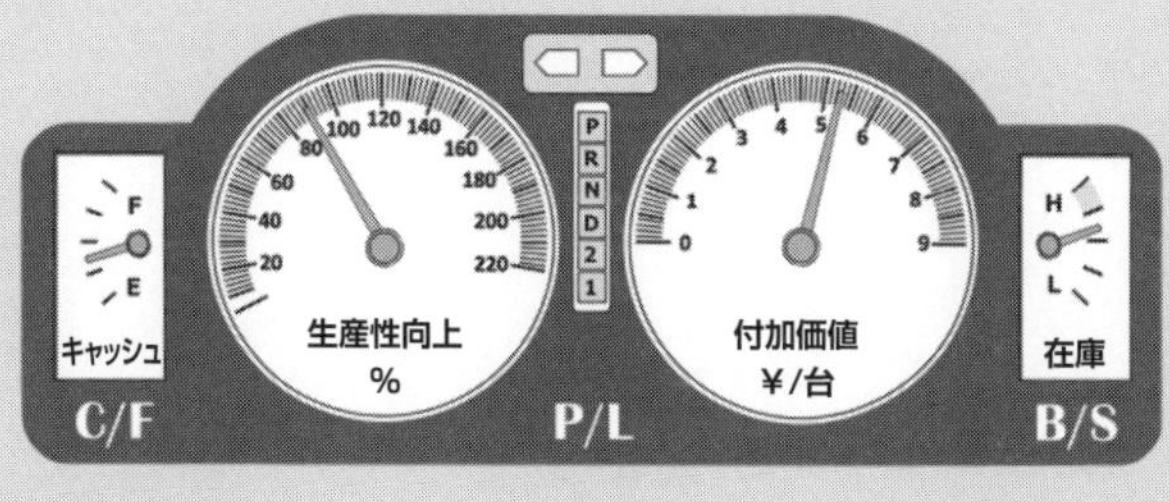

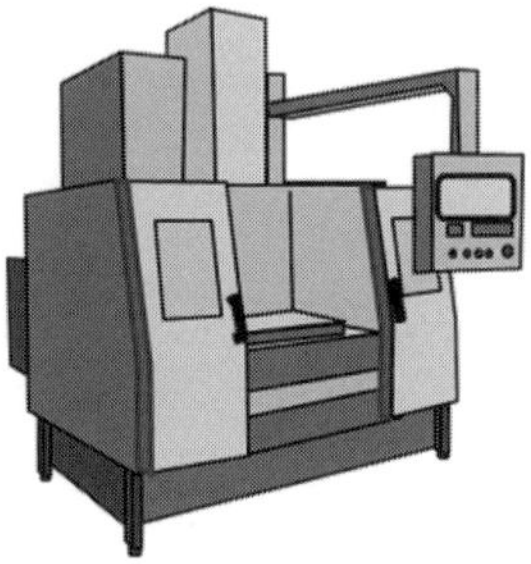

後からカイゼンするくらいなら、

はじめからちゃんと計画すればよいのに…

もちろん、会計を使ってね！

［付録］カイゼンのための計算事例

―8つの場面を考えよう！―

自動化、カイゼン、ムダ取り、予防保全
在庫削減、納期短縮、研究開発、IoT

厳しい時代を生き抜く力

なぜなぜ

81 カイゼン活動の計算シートが作れますか？

推進者自身の費用を忘れないことがポイント

◆計算シートを作って、カイゼン活動の計画と評価を行ってみましょう。ある会社がカイゼンによるコストダウンを目指しています。ここで注意すべきなのは、従来型のカイゼンで節減できるコストは変動労務費だけだということです。しかも近年では作業の標準化・自動化が進んだため、現場の努力だけではコストハーフといった大幅なコストダウンは難しくなっています。そこで会社は目標を変動労務費10％削減としました。

◆カイゼン活動の計画と評価で問題になるのは、活動を推進するホワイトカラー（生産技術部門のスタッフや製造部門の責任者など）自身の固定労務費が計画から漏れてしまうケースが非常に多いことです。仮に具体的な増員はなかったとしても、本来取り組むべきイノベーションを犠牲にしてカイゼンに振り向けていることの負担をきちんと見える化しなければなりません。それでも意義ある活動だと判断されたなら、

力強いカイゼンでしっかり成果を出しましょう

ポイントBOX **効果は金額で評価します。推進者自身の労務費の考慮も忘れずに**

カイゼン活動の計算シート

	A	B	C	D	
1	単位：億円				
2					
3		**現状**	**期待**	**実際**	
4	売上高	100	100	100	
5	材料費	−70	−70	−70	
6	変動労務費	−6	−5.4	−5.4	活動目標
7	外注加工費	−6	−6	−6	
8	外注物流費	−9	−9	−9	
9	在庫金利	−1	−1	−1	
10	コスト合計	−92	−91.4	−91.4	
11	付加価値	8	8.6	8.6	
12					
13	固定労務費	−2	−2	−2.5	計画漏れ
14	設備投資				
15	資本コスト				
16	キャッシュフロー	6	6.6	6.1	

効果が出なかった

なぜなぜ

82 ムダ取り活動の計算シートが作れますか？

作り出した時間の活用法を決めておくことがポイント

◆計算シートを作って、ムダ取り活動の計画と評価を行ってみましょう。ある会社が現場のカイゼン活動によるムダ取りを計画しました。「動作のムダ」「運搬のムダ」などの削減に果敢に取り組み、作業時間を10％短縮する予定でした。しかし実際は作業者が固定給の正社員だったため、ムダ取り＝コストダウンにはならず作業者の手待ちが増えただけでした。これは、多くの会社におけるカイゼン活動の現実です。しかし従来の原価計算では変動労務費と固定労務費が混ざっていたため、ムダ取りで成果が出ていなくても、それを認識することができなかったのです。

◆また、手待ち増がリストラにつながるなら、作業者のモチベーションは高まらずムダ取りは捗りません。ですからムダ取りに着手する「前」に、作り出されてくる手待ち時間をどんな活動に振り向けていくのかについてしっかり話し合い、合意しておく必要があります（なぜなぜ67参照）。そうしなければ

ムダ取り活動そのものがムダな活動になってしまいます

ポイントBOX

手待の活用方法を決めておかなければ、活動自体がムダになります

ムダ取り活動の計算シート

	A	B	C	D
1	単位：億円			
2				
3		**現状**	**期待**	**実際**
4	売上高	100	100	100
5	材料費	−70	−70	−70
6	変動労務費	−6	−5.4	−6（認識誤り）
7	外注加工費	−6	−6	−6
8	外注物流費	−9	−9	−9
9	在庫金利	−1	−1	−1
10	コスト合計	−92	−91.4	−92
11	付加価値	8	8.6	8
12				
13	固定労務費	−2	−2	−2
14	設備投資			
15	資本コスト			
16	キャッシュフロー	6	6.6	6

効果が出なかった

なぜなぜ 83

自動化投資の計算シートが作れますか？

固定費側への影響を漏れなく評価することがポイント

◆計算シートを作って、自動化投資の計画と評価を行ってみましょう。ある会社が自動化による労務費節減を目指しています。自動化は多くの現場でコストダウンの切り札だと目されますが、削減できるのは変動労務費だけなので注意しなければなりません。一般に、材料費や外注費の削減には効果がありません。コストの内訳に注意しましょう。

◆その一方で、自動化は固定労務費（生産技術者、保全技能者）の増加をもたらしますが、そのことが計画時の評価から漏れやすく、失敗の原因になります。さらに自動化設備の多くは特別設計となり、購入価格が割高になる一方で、廃棄する時には簿価での転売が望めません。また自動化は工程の固定化（即ち、進化ができなくなる）に繋がる一方で、製品の価値そのものを直接的に高めるわけではなく、その意味でも注意が必要です。このように自動化はリスクが極めて高い活動なので、

事前に計画する内部収益率はかなり高くなければなりません

ポイントBOX **自動化も万能ではありません。投資リスクも高いので注意しましょう**

自動化投資の計算シート

	A	B	C	D	E	F
1	単位：億円					
2				自動化の効果		
3		現状	設備投資	1年後	2年後	3年後
4	売上高	100				
5	材料費	−70				
6	変動労務費	−6		+3	+3	+3
7	外注加工費	−6				
8	外注物流費	−9				
9	在庫金利	−1				
10	コスト合計	−92				
11	付加価値	8		+3	+3	+3
12						
13	固定労務費	−2		−1	−1	−1
14	設備投資	−3	−5			
15	資本コスト	−1				
16	キャッシュフロー	2	−5	+2	+2	+2
17						
18			10％	=IRR(C16：F16)		
19						

キャッシュフローを増やす効果…＋
キャッシュフローを減らす効果…−

IRRは 10% でよいのか？

なぜなぜ

84

予防保全の計算シートが作れますか？

売上高アップに寄与するか／しないかがポイント

◆計算シートを作って、予防保全活動の計画と評価を行ってみましょう。ある会社が予防保全による可動率のアップを目指しています。かつて日本がモノづくりの王者として輝いていた時代、可動率のアップは極めて重要な活動でした。しかし昨今では、多くの生産設備が必ずしもフル生産ではなくなっています。こうした状況下で可動率をアップしても事業の付加価値は増やせません（A案）。他方、今も引き続きフル生産状態にある工場なら、可動率アップは売上高アップ、ひいては付加価値アップに直結します。こうした場合には予防保全も有効でしょう（B案）。

◆予防保全の有効性は、活動による

売上高の増減、コストの増減、固定費の増減

の3つを見積ることで判断できます。生産設備の更新や新たな設備投資を伴う場合は、毎年のキャッシュフローの増減を求め、内部収益率法を適用してその効果を評価しておく必要があります。（自動化投資の計算シートを参考にしてください）

ポイントBOX **フル生産でない時には、予防保全は効果を出しにくい活動です**

予防保全の計算シート

	A	B	C	D
1	単位：億円			
2				
3		現状	A 案	B 案
4	売上高	100	100	120
5	材料費	−70	−70	−84
6	変動労務費	−6	−6	−7.2
7	外注加工費	−6	−6	−7.2
8	外注物流費	−9	−9	−10.8
9	在庫金利	−1	−1	−1.2
10	コスト合計	−92	−92	−110.4
11	付加価値	8	8	9.6
12				
13	固定労務費	−2	−2.3	−2.3
14	設備投資	−3	−3.5	−3.5
15	資本コスト	−1	−1	−1
16	キャッシュフロー	2	1.2	2.8

売上増

効果なし　効果あり

なぜなぜ 85

在庫削減活動の計画シートが作れますか？

削減のデメリットも公正に評価することがポイント

◆計算シートを作って、在庫削減活動の計画と評価を行ってみましょう。ある会社が在庫の半減による在庫回転数2倍化を目指しています。在庫削減のメリットは在庫金利の節減ですから、金額でその効果を見積っておかなければなりません。不正直指数がゼロだという前提なら（！）、在庫金利は「在庫高×運転資金の年利率」で計算できます。

◆他方、在庫削減は工場都合で行うことですからデメリットも生じます。

①納期短縮に逆行し、**売値低下**に繋がる可能性があります

②材料調達を硬直化させ**材料費アップ**に繋がる可能性があります（※）

③結果的に活動を担う正社員の**生産性も低下**させてしまうかもしれません

それでも意義があると判断されたら断行しましょう。但しそれは期末日1日だけではなく、毎日のゼロ在庫でなければ無意味です。

※日常生活で、スーパーの特売日を無視し、毎日ジャストインタイム買いをやったらどうなるでしょうか？

ポイントBOX **在庫削減は工場の都合です。お客様の価値には繋がりません**

在庫削減活動の計算シート

	A	B	C	D	
1	単位：億円				
2					
3		現状	計画	実際	
4	売上高	100	100	95	想定外
5	材料費	−70	−70	−73.5	想定外
6	変動労務費	−6	−6	−6	
7	外注加工費	−6	−6	−6	
8	外注物流費	−9	−9	−9	
9	在庫金利	−1	−0.5	−0.5	目標
10	コスト合計	−92	−91.5	−95	
11	付加価値	8	8.5	0	
12					
13	固定労務費	−2	−2	−2.5	想定外
14	設備投資				
15	資本コスト				
16	キャッシュフロー	6	6.5	▲2.5	

効果が出なかった

なぜなぜ

86

納期短縮活動の計算シートが作れますか？

内向きの活動から外向きの活動へのシフトがポイント

◆今、納期短縮活動によって製品価値を回復しようと考えています。計算シートを作って、納期短縮活動を検討してみましょう。納期短縮は在庫削減とは真逆の活動です。特に「工場の都合」という内向きの活動から、「お客様の価値への貢献」という外向きの活動へのシフトが

大きなメリットをもたらす可能性があります

◆まず、競合品に圧迫されていた売価を回復できる可能性があります。機動的な材料調達戦略が発動できれば材料費の節減になる可能性もあります。コスト中の材料費の割合が高まっているので効果は大きいでしょう。その一方で外注物流費や在庫金利の増加、正社員の固定労務費や設備投資の増加、外部資本コストの増加も想定されますが、最終的なキャッシュフローは大幅に増やせるかもしれません（例えば5倍！）繰り返しになりますが、この驚くべき効果は内向きの活動から外向きの活動にシフトすることで生み出される新たな価値なのです。

ポイントBOX
お客様にとっての価値を高める活動こそが、会社の価値も高めます

納期短縮活動の計算シート

	A	B	C	D	E
1	単位：億円				
2					
3		現状	A 案	増減分析	
4	売上高	100	110	+10	10 %増
5	材料費	−70	−60	+10	14 %減
6	変動労務費	−6	−6		
7	外注加工費	−6	−6		
8	外注物流費	−9	−14	−5	56 %増
9	在庫金利	−1	−2	−1	100 %増
10	コスト合計	−92	−88	+4	3 %減
11	付加価値	8	22	+14	175 %増
12					
13	固定労務費	−2	−4	−2	100 %増
14	設備投資	−3	−6	−3	100 %増
15	資本コスト	−1	−2	−1	100 %増
16	キャッシュフロー	2	10	+8	400 %増

効果が出た！

※納期短縮の効果　→　売価回復 10 %
※納期短縮のための材料まとめ買い　→　材料値引き 14 %、在庫金利 2 倍
※納期短縮のためのその他の費用　→　外注物流費 56 %増、固定費 2 倍

なぜなぜ 87

研究開発プロジェクトの計算シートが作れますか？

設備投資で学んだ内部収益率法の応用がポイント

◆計算シートを作って、研究開発プロジェクトの評価を行ってみましょう。ある会社が研究開発による新製品の立ち上げを目指しています。5年間の売上予想を立て、コストは60％、付加価値率は40％になると想定しました。研究開発に関わる固定労務費と設備投資は今年と1年後に発生し、5年後に生設設備を売却する予定です。各年のキャッシュフローの増減にＩＲＲ関数を適用して内部収益率を求めると31％と求まりました。この会社の事業資金の資本コストは10％、リスクを踏まえた研究開発プロジェクトの内部収益率の目標は30％だったので、

この研究開発プロジェクトはGOという判断となりました

◆目標30％に対して、計画が31％ではギリギリ過ぎるという意見もあったため、更に内部収益率を改善する方法を考えました。設備投資を一気に行わず慎重を期して3回に分散すれば、設備投資の総額は増えるものの、内部収益率は33％に改善できるとわかりました。

ポイントBOX
事業の明日を左右する研究開発も、資本コストを背負った活動です

研究開発プロジェクトの計算シート

	A	B	C	D	E	F	G
1	単位：億円						
2		今年	1年後	2年後	3年後	4年後	5年後
3	売上高	0	2.5	25	20	12.5	5
4	コスト	0	−1.5	−15	−12	−7.5	−3
5	付加価値	0	+1	+10	+8	+5	+2
6							
7	固定労務費	−3	−3				
8	設備投資	−5	−3				
9	設備売却						+1
10	資本コスト						
11	キャッシュフロー	−8	−5	+10	+8	+5	+3
12		31%	=IRR(B11：G11)				
13							

	A	B	C	D	E	F	G
1	単位：億円						
2		今年	1年後	2年後	3年後	4年後	5年後
3	売上高	0	2.5	25	20	12.5	5
4	コスト	0	−1.5	−15	−12	−7.5	−3
5	付加価値	0	+1	+10	+8	+5	+2
6							
7	固定労務費	−3	−3				
8	設備投資	−3	−3	−3			
9	設備売却						+1
10	資本コスト						
11	キャッシュフロー	−6	−5	+7	+8	+5	+3
12		33%	=IRR(B11：G11)				
13							

分散した

なぜなぜ 88

IoT契約の計算シートを作れますか？

お金の割引効果をしっかり評価することがポイント

◆ある会社がIoTによる契約で、新たな価値を創り出そうとしています。計算シートを作ってIoT契約の計画と評価を行ってみましょう。昨今ではネットの発達でIoTによる使用状況のモニタリングが可能になってきました。従来は売り切りだった製品を、お客様の使用時間に応じた貸し出し契約に移行することで、お客様の支払い負担を軽減できます。例えば

13万円の冷蔵庫なら、3年契約で1時間5円などです

ここでは原価10万円の製品をIoT契約で貸し出すことにしましょう。

◆製品の貸し出しと使用時間のモニタリングで、3年間にわたり毎年4万円くらい受け取れると予想されています。IRR関数で内部収益率を求めると10％でした。目標は15％だったので内部収益率を高める方法を検討しました。その結果、契約時の即納と設置工事のサービスで2万円頂けそうだと想定されました。追加コストは1万円です。その結果、契約全体の内部収益率は16％となり15％を超えることができました。

ポイントBOX	会計を使わなければ、IoTの時代を戦えません

IoT 契約の計算シート

	A	B	C	D	E
1	単位：万円				
2		現在	1年後	2年後	3年後
3	売上高	0	4	4	4
4	コスト	−10	−0	−0	−0
5	付加価値	−10	+4	+4	+4
6					
7	固定労務費	0	0	0	0
8	設備投資	0	0	0	0
9	キャッシュフロー	−10	+4	+4	+4
10		10％	=IRR(B9：E9)		
11					

	A	B	C	D	E
1	単位：万円				
2		現在	1年後	2年後	3年後
3	売上高	2	4	4	4
4	コスト	−11	−0	−0	−0
5	付加価値	−9	+4	+4	+4
6					
7	固定労務費	0	0	0	0
8	設備投資	0	0	0	0
9	キャッシュフロー	−9	+4	+4	+4
10		16％	=IRR(B9：E9)		
11					

〈標準的な計算シート〉

	A	B	C	D	E
1	単位：万円				
2					
3		実施時	1年後	2年後	3年後
4	売上高の増減	?	?	?	?
5	材料費の増減	?	?	?	?
6	変動労務費の増減	?	?	?	?
7	外注加工費の増減	?	?	?	?
8	外注物流費の増減	?	?	?	?
9	在庫金利の増減	?	?	?	?
10	コスト合計の増減	0	0	0	0
11	付加価値の増減	0	0	0	0
12					
13	固定労務費の増減	?	?	?	?
14	その他固定費増減	?	?	?	?
15	固定費合計の増減	0	0	0	0
16	設備投資	?	?	?	?
17	設備売却	?	?	?	?
18	キャッシュフロー	0	0	0	0
19					
20	内部収益率	#NUM!	=IRR(B18：E18)		
21					

〈計算シートの使い方〉

STEP 1　売上高の増減を記入します。

STEP 2　各コストの増減を記入します。

STEP 3　コスト合計の増減が求まります。

STEP 4　付加価値の増減が求まります。

売上高－コスト＝付加価値

STEP 5　固定労務費の増減を記入します。

STEP 6　その他固定費の増減を記入します。

STEP 7　固定費合計の増減が求まります。

STEP 8　設備投資額を記入します。

STEP 9　設備売却の見込み額を記入します。

STEP 10　キャッシュの増減額（キャッシュフロー）が求まります。

付加価値－固定費－設備投資＋設備売却＝キャッシュフロー

STEP 11　IRR 関数で内部収益率が求まります。

STEP 12　内部収益率と、会社の資本コストを比較します。

STEP 13　プロジェクトの GO／NG を判断します。

内部収益率＞資本コストなら GO

誰がこの悲劇を終わらせるのか？

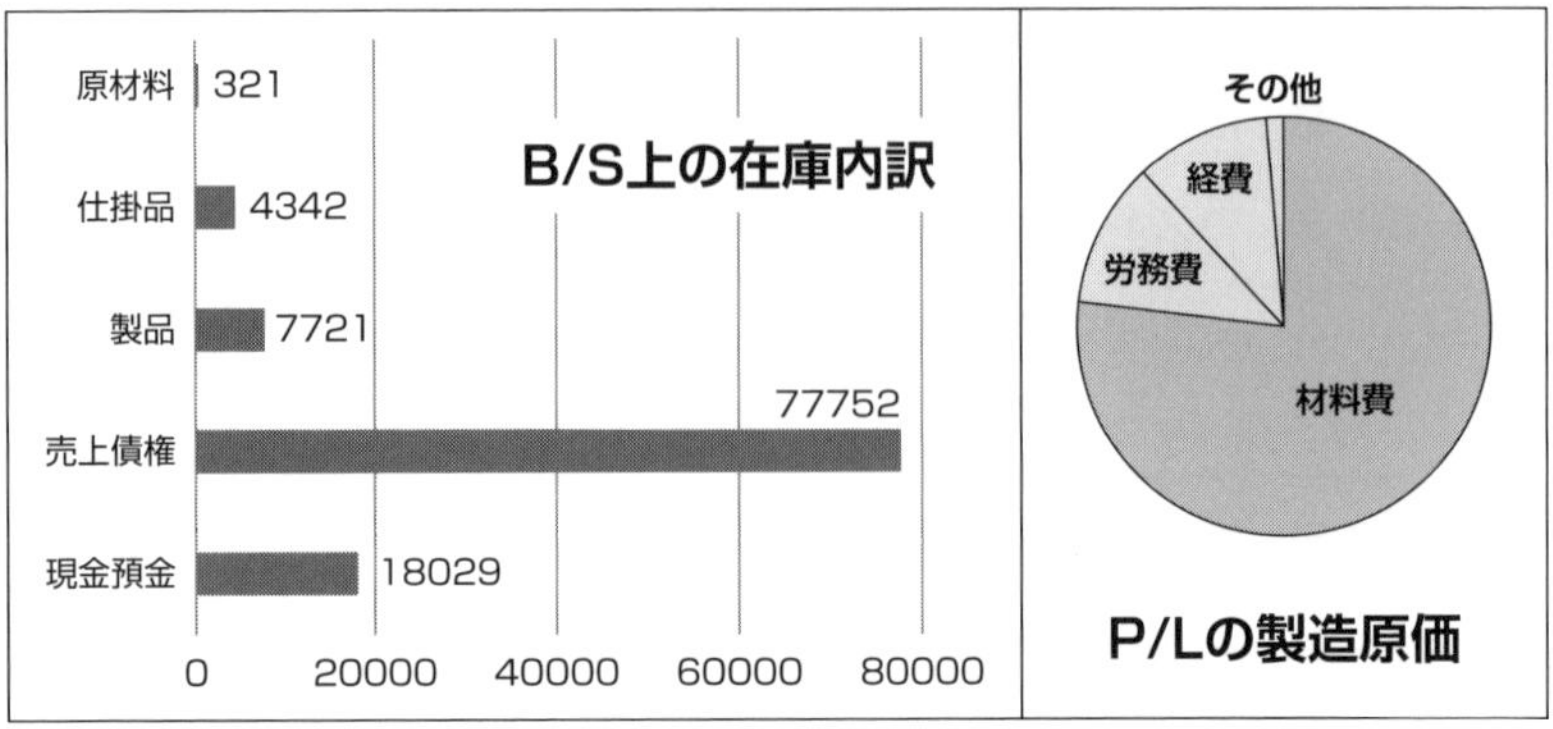

ある工場では徹底したゼロ在庫と、1分1秒まで作業者を働かせる地獄のカイゼン（労務費削減）をやっていました。お金を寝かせないため、そしてコストダウンのためだという理由で…　でも、それが従業員の意欲や創造性を著しく損なうだけなく、結果的に的外れな活動でもあったことは、会社全体のB/S、P/Lを見れば明らかです。

近年のコストダウンの最重要ターゲットは材料費です。そのためには原材料のまとめ買いも容認すべきでしょう。一定の材料在庫があれば納期の超短縮や供給途絶リスクへの備えにもなります。他方で、実際のお金（現金預金と売上債権）は多額に寝かされています。それに気付けないのは、誰も会計をきちんと使っていないからでしょう。

みんなが頑張っているのに、なぜか負け犬になっていく…

こんな悲劇を終わらせるのは、いったい誰なのでしょうか？

?

コラム⑨

本当に本気だから

40歳を目前にしたある日、私は新製品の量産準備を命じられました。目標売価は100円、目標原価80円に対し、試作の原価の実績は79円で開発は順調だと聞かされました。しかし、実際に準備を進めると真実の実績は800円を越えているとわかったのです。差額は販管費の中に隠されていました。その大半は材料費であり解消する見込みのないものです。困惑しながらもプロジェクトを立て直す方法を模索し、製品コンセプトの修正を提案した私は、他のメンバーから激しく批判されてしまいます。

「開発は成功したことになっています。社長は喜んでいます。それなのになぜあなたは、そうやって私達の邪魔をしようとするのですか？」

私は答えました。

「本当に本気で成功させたいと思うからこそ、私は皆さんにこの提案をしています。確かに月100個の試作なら、真実を隠しておけば済むかもしれません。でも月に100万個作れと指示されたらどうするのですか？　実際、私は量産工場を設計するためにここにきています」

それでも議論はかみ合わず私は罷免されました。プロジェクトに批判的だという烙印を押されて…　それから3年後、失敗は公知となりプロジェクトは解散されたと聞きました。時間とお金は無意味に失われたのです。

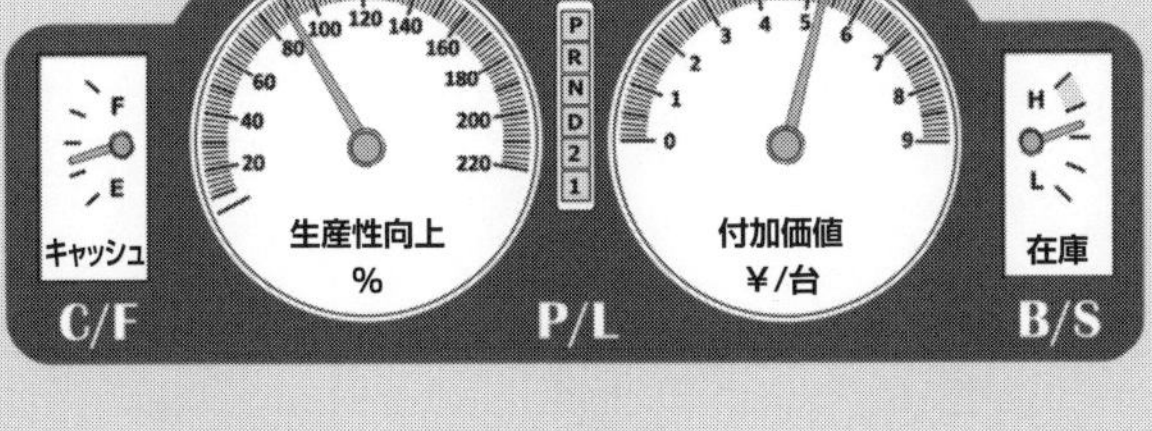

50年前の成功モデル

7つのムダ取り＋究極の5S

売上高
－材料費　？ほったらかし
－変動労務費
－外注加工費　？ほったらかし
－外注物流費　？ほったらかし
－在庫金利　？ほったらかし
＝付加価値
－固定労務費（ヒト）　？ほったらかし
－設備投資　（モノ）　？ほったらかし
－資本コスト（カネ）　？ほったらかし
＝キャッシュフロー

① 造りすぎのムダ
② 手待ちのムダ
③ 動作のムダ
④ 運搬のムダ
⑤ 手直しのムダ
⑥ 加工のムダ
⑦ 在庫のムダ

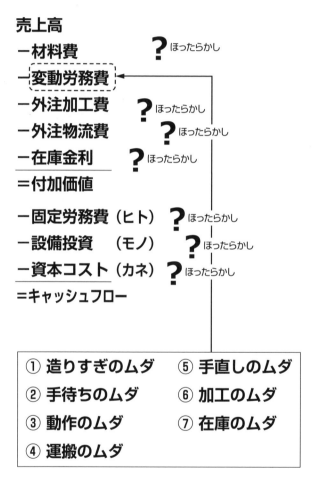

これからの成功モデル

8つのムダ取り＋ビジネスモデルの革新

売上高
－材料費 ← ①ゼロ在庫のムダ
－変動労務費 ← ②ムダ取りのムダ
－外注加工費 ← ③共倒れのムダ
－外注物流費 ← ④場当たり配送のムダ
－在庫金利 ← ⑤工場外無関心のムダ
＝付加価値

－固定労務費（ヒト） ← ⑥身分分断のムダ
－設備投資（モノ） ← ⑦会計不毛のムダ
－資本コスト（カネ） ← ⑧株主不在のムダ
＝キャッシュフロー

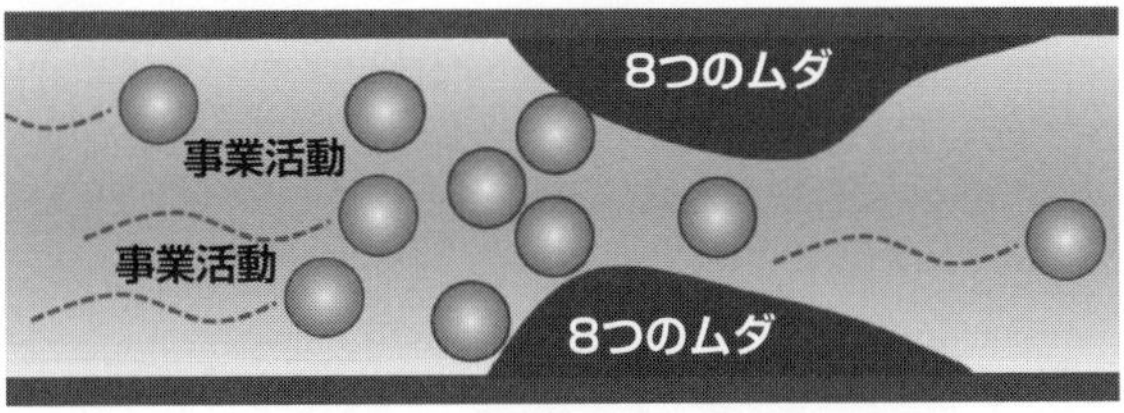

絶対に生き残る！

「やれることはたくさんあるのに！」と私はいつも思います。古いカイゼンを全て否定するわけではありませんが、何かを変えなければ会社の業績は改善しません。

ところで、今日の財務会計が何歳だかご存知でしょうか？　答えは１００歳です。これだけ環境変化が激しい時代でありながら、会社経営を支える会計が１００歳であるというのは心もとないことです。古びた会計は誤った原価計算や利益操作の温床となり、人々を正しく導けなくなりました。しかし日本のモノづくりにはカイゼンだってあります。「カイゼンある限り日本の製造業には不可能はない！」でも、そのカイゼンが何歳になってしまったか考えてみたことがありますでしょうか？　答えは50歳です。50年前といえば昭和の高度経済成長まっただ中、パソコンもインターネットもなし、携帯もスマホも電卓もなし、全員が正社員で非正規社員もなし…そんな時代に強味を発揮していた仕組みが今日もそっくりそのまま力を発揮できる筈はありません。カイゼンもカイゼンすべき時がきているようです。これからも守り続けること／これからは変えていくべきこと…

会社の経営を支えるべき会計とカイゼンが、１００歳と50歳であるというのは深刻な事態です。ただ単に古いことが問題なのではなく、それぞれの関係者が連携して会社経営の仕組みを進化させてこられなかったことが問題なのです。会計関係者はモノづくりの状況に無関心、カイゼン関係者は難解な会計から逃げ回っています。しかし会計で効果が測れないカイゼンなど「カイゼンごっこ」でしかありません。もし古い会計が使い難く経営改善の役に立たないなら、生産技術者は会計関係者に要望しなければなりません。「会計を変えて下さい！」と。それは絶対に生産技術者がイニシアティブをとるべきことであり、その逆はありえないのです。

「とにかくカイゼンします！」

と言っても正しい会計がなければ何をどうカイゼンしたらよいかわかりません。残念ながらこの30年間、私達は現実から目を反らして逃げ続けてきました。私達はすっかり自信を失い世界の負け犬になりました。しかし考えてみれば、私達はまだ真剣にカイゼンをカイゼンしたことがありません。私達はまだ本気で戦ったことがないのです。ですから全ての関係者が力を合わせ、新しい会計と新しいカイゼンで経営改善に本気で取り組むなら、私達はきっと世界に勝てます。勝負は今、始まったばかりです。絶対に生き残りましょう！　ガンバレ日本！　私は日本と日本人の底力を信じています。

令和2年4月7日　吉川武文

生産技術者の皆さんへ

現場で汗を流す皆さんの努力は尊いです。

私だって生産技術者ですから（！）

古いやり方の全てを否定するわけではありません。

カイゼン、７つのムダ取り、5S、ゼロ在庫、などなど…

しかし何かを変えなければ

厳しい時代を生き残れないというのも現実です。

これからも守るべきものはしっかり守り抜き、

変えるべきものはきちんと変えていく…

それこそが「カイゼン」だったのではないでしょうか？

そろそろ勝ちに行きましょう！

これからだって、日本のモノづくりに不可能などありません。

日本には
手つかずの宝の山がある

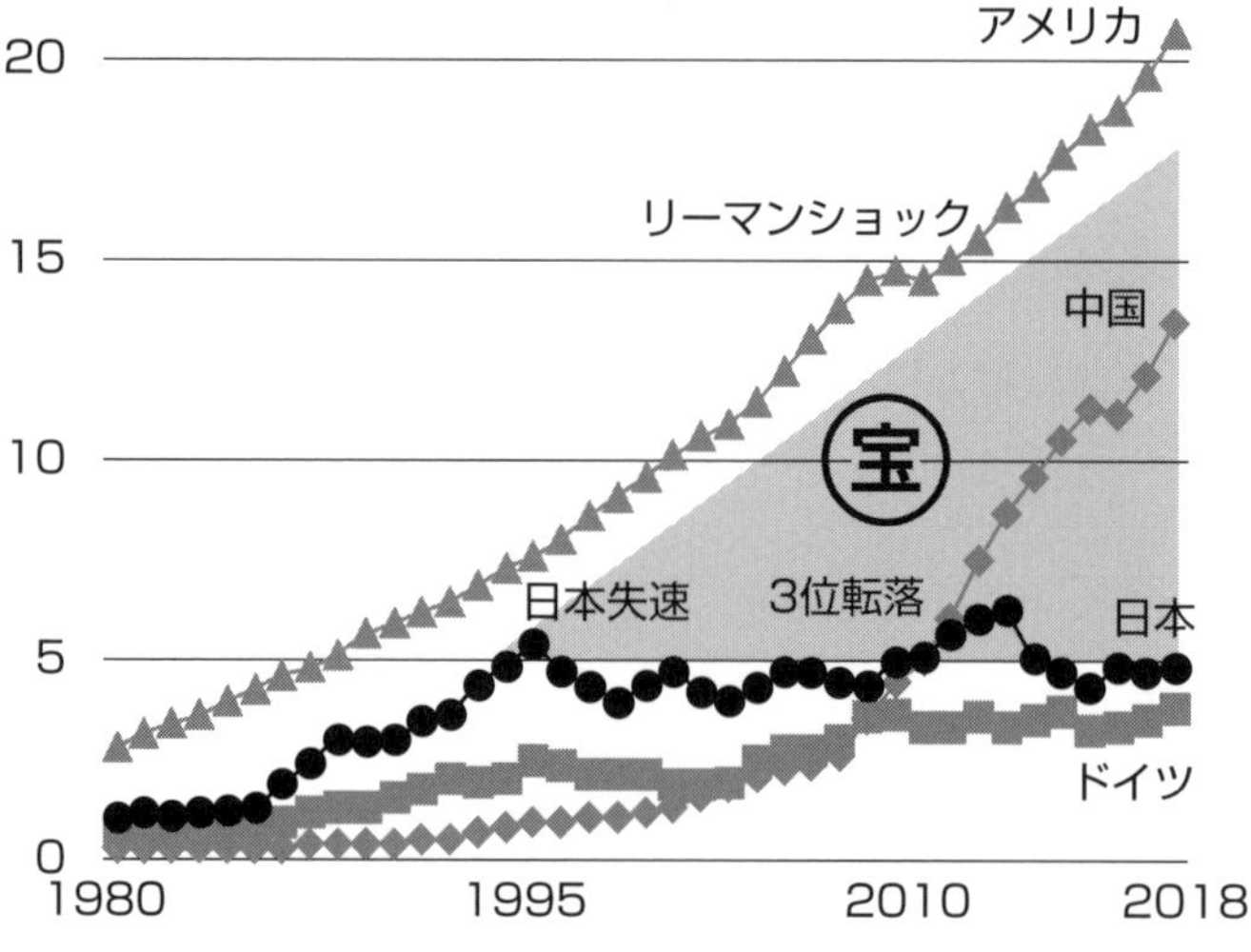

〈著者紹介〉

☆吉川武文　公認会計士・生産技術者・グローバル企業工場長

東京工業大学・工学部修士卒。複数の大手メーカーでカイゼンやコストダウン、子会社再建、工場立地、品質向上、自動化、製品開発などに従事。品質安定化による社長表彰、生産革新や100倍を超える生産性向上でプレジデント表彰、新潟県の保全技能競技大会で1位表彰を受けるなど、30年におよぶモノづくりのバックグラウンドを有する異色の公認会計士。出願特許多数。

製造業の最前線で、従来のモノづくりや設備投資の在り方に強く疑問を感じたため40歳で会計士を志す。生産技術者としての業務の傍ら原価計算を深く研究し、独学で会計士試験に合格。監査法人トーマツのマネージャーなどを経て財務監査、IT監査、省エネ審査、CO_2排出権の審査にも従事。「数字を使う立場」で会計を考えることのできる数少ない会計士であると共に、地球環境を憂える気象予報士でもある。会計士登録後はスウェーデンの大手グローバル企業の日本工場長として実地に経営にも携わり、付加価値会計の考え方に基づく経営革新を実践。王子経営研究会のメンバーと共に本気で業績回復を目指す新たなフィールドと同志を募っている。(t.yoshikawa@ms01.jicpa.or.jp)

モノづくりと会計と人を愛し、製造業の新たな成長の可能性を確信する。日本中の現場で「技術者だったのになぜ会計士？」と問われるたびに、「コストの知識なくしてコストダウンはできません。製品開発も設備投資も生産革新もできないのです」と繰り返し説明しなければならない日本のモノづくりの現状を変えたいと強く願う。信条は「ヒトはコストではなく資源」。大切にしている言葉は「勇気と感謝」。著書に「モノづくりを支える管理会計の強化書」「生産技術革新によるコストダウン戦略の強化書」「図解！　製造業の管理会計入門」「豪雨の時代を生き抜く！　日本100年の希望」など9冊。

ヒトこそ最強の経営資源！

図解！　生産現場をカイゼンする「管理会計」
新しい会計を生産技術者が知るための<なぜなぜ88>

NDC 336.84

2020年 6 月 15 日　初版 1 刷発行　（定価はカバーに表示してあります）

©　著　者　吉川　武文
発行者　井水　治博
発行所　日刊工業新聞社
〒103-8548
東京都中央区日本橋小網町 14-1
電　話　書籍編集部　03（5644）7490
販売・管理部　03（5644）7410
FAX　03（5644）7400
振替口座　00190-2-186076
URL　https://pub.nikkan.co.jp/
e-mail　info@media.nikkan.co.jp
印刷・製本　美研プリンティング㈱

落丁・乱丁本はお取り替えいたします。　2020 Printed in Japan

ISBN 978-4-526-08068-5　C3034